KB262600

나는 인생의 고비마다
한 뼘씩 자란다

나는 인생의 고비마다
한 뼘씩 자란다

나는 인생의 고비마다 한 뼘씩 자란다

김이율 지음

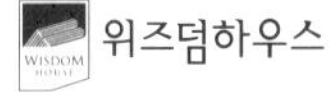

위즈덤하우스

많이 넘어져본 사람일수록 더 쉽게 일어날 수 있다

　살면서 인생의 고비를 겪지 않는 사람은 없습니다. 누구나 다 뜻하지 않은 혹은 예정된 시련을 겪게 됩니다. 아프고 힘든 시간을 보내며 인생이 송두리째 흔들리기도 하고, 다시 일어서지 못할 정도로 깊은 절망의 늪에 빠지기도 합니다. 수많은 고비가 닥쳐오더라도 한 가지 다행스러운 건 사람은 의외로 강하며 회복력이 뛰어나다는 겁니다.

　절대 절망이란 없습니다. 멈출 것 같지 않은 거친 풍파지만 그 앞에서 굴복하지 않고 좌절하지 않고 당당히 맞서 분투하다 보면 언젠가는 그 풍파도 백기를 들기 마련입니다. 매섭게 몰아치면 바람과 물결은 곧 잔잔해집니다.

시련은 우리에게 고통만 주는 게 아닙니다. 어쩌면 그 시련은 우리에게 시련 그 자체보다 더 가치 있고 아름다운 그 무언가를 알려주기 위해서 계속 찾아오는지 모릅니다. 그렇습니다. 우리는 시련 뒤에 더욱 단단해지고 성숙해지고 한 단계 발전해 있는 자신을 발견하게 됩니다.

하버드 경영대학원 교수인 로자베스 모스 캔터는 저서 『자신감』에서 이렇게 말했습니다.

문제가 생기는 것은 그리 나쁜 일이 아니다. 위기에 대처하는 것은 성공 주기를 방해하는 대신 오히려 가속화할 수 있다. 과거에 문제를 성공적으로 해결한 사람들은 새로운 위협이 닥쳐도 위기감을 덜 느낀다. 리더의 잠재력을 가진 사람들은 위기 극복에 성공하거나 역경을 무사히 극복했을 때 더 강해질 수 있다. 사실 힘겨운 문제들은 승자에게 좋은 약이 된다.

우리가 겪는 인생의 고비는 절대로 마이너스가 아닙니다. 경험하고 극복하면 그 시간이 오히려 유익한 순간이었음을 반드시 알게 됩니다.

두 가지 선택

사람들은 시련 앞에서 두 가지 중 한 가지를 선택합니다.

'절망' 혹은 '희망'.

어느 것을 선택하느냐에 따라 그 이후의 인생 항로가 크게 달라집니다. 누군가가 말했습니다. 인생은 10퍼센트의 사건과 그 사건에 반응하는 90퍼센트의 태도에 달려 있다고……

어쩌면 시련은 그리 중요한 게 아닐 수도 있습니다. 어떤 태도와 생각으로 지금의 고비를 받아들이느냐가 더 중요합니다.

천재 물리학자 스티븐 호킹 박사는 올해 일흔한 살입니다. 사람들은 그를 살아 있는 기적이라 말합니다. 그도 그럴 것이 그는 스물한 살에 근육·신경계 난치병인 루게릭병에 걸려 2년 시한부 선고를 받았습니다. 그렇지만 그는 절망하지 않았습니다.

"아직 꿈을 펼쳐보지도 않았는데 이대로 끝낼 순 없지. 어쩌면 이건 운명을 극복할 수 있는 아주 좋은 기회야."

그는 혹독한 시간들을 견뎌냈습니다. 누구보다도 더 많이 노력했고 삶의 끈을 놓치지 않기 위해 자기 자신을 담금질했습니다. 마침내 그는 세계적인 석학이 되었습니다. 그는 현재까지도 끊임없는 저술활동과 대중강연으로 누구보다도 값진 삶을 살고 있습니다.

만약 스티븐 호킹이 스물한 살 때 희망 대신 절망의 카드를 선택했다면 아마도 우리는 그의 위대한 이론과 업적을 접할 수 없었을 것입니다. 또한 스티븐 호킹 본인에게도 불행한 삶이 되었을 것입니다.

희망의 증거

희망은 그 무엇보다도 힘이 셉니다. 희망은 인내를 이끌어내고 극복의 힘을 주고 살아가는 이유를 만들어줍니다.

존스홉킨스 의과대학의 커트 리히터 박사는 한 실험에서 언젠가는 유리병 밖으로 나갈 수 있다는 것을 아는 쥐가 그렇지 않은 쥐보다 물속에서 더 오래, 끝까지 포기하지 않고 헤엄을 친다는 결과를 발표했습니다. 이는 희망이 얼마나 긍정적인 효과를 가져오는지를 보여주는 실험입니다. 즉, 희망은 삶에 대한 애착과 의지에 비례함을 알 수 있습니다.

희망을 품고 산다는 것, 그것은 미래를 믿고 미래를 개척하겠다는 의지이며 자신을 사랑하는 또 다른 방식입니다.

독일의 작가 에른스트 블로흐는 "인간은 끊임없이 희망을 품는 존재"라고 말했습니다. 극한 상황에 처해 있을 때 다시 한 번 용기를 내 일어나야 합니다. 어떤 시련이 와도 당찬 의지로 꿋꿋하게 맞서야 합니다. 살아 있는 한 희망은 존재하고, 희망이 존재하는 한 더 강하고 새로운 나로 재탄생할 수 있습니다.

당신도 세상을 살다 보면 힘든 고비를 숱하게 겪게 될 것입니다.

그럴 때마다 이 책을 펼쳐보십시오. 이 책 속에 나오는 인물들의 삶을 떠올려보십시오. 그들이 어떤 선택을 했는지도 마음에 새겨두십시오. 이제 곧 당신은 알게 될 것입니다. 그들이 어떤 선택을 했고, 그 선택으로 인해 삶이 어떻게 달라졌는지.

당신도 잘해낼 수 있습니다. 매 순간 당신의 삶은 한 뼘씩 자라날 것입니다. 인생은 점점 깊어질 것이며 넘어질수록 쉽게 일어나는 법을 터득하게 될 것입니다. 또한 비 개인 하늘 위로 무지개가 뜨듯 시련 뒤에는 더 큰 행복이 찾아올 것입니다.

그날을 맞이하기 위해서는 오늘을 열심히 살아야 합니다.

2013년 햇살 가득한 날

김이율

신은 인간이 극복할 수 있을 만큼의 시련만 준다

01

불굴의 의지로 새로운 삶을 개척한 희망전도사, 조엘 소넨버그

1979년 9월15일. 그날은 악몽 그 자체였다.

아빠와 엄마는 생후 20개월 된 조엘 그리고 친척들과 함께 주말 여행을 떠났다. 아빠가 운전하는 차에는 조엘과 고모부가 탔고 엄마 차에는 누나와 고모가 탔다.

고모부는 창밖을 내다보며 아빠에게 말을 걸었다.

"날씨 참 좋네. 이게 얼마만인가."

"진작 나왔어야 했는데 요즘 일이 너무 바빴어요. 우리 조엘은 지금 뭐해요?"

"지금 눈 깜박거리며 창문 밖을 보고 있네. 신기한 게 얼마나 많겠어."

"그러게요. 자주 나와야겠어요. 아마 조엘은 바다를 보는 게 이번이 처음일 거예요."

"처음 치고는 빠른 편이지. 아직 20개월밖에 안 됐는데."

"그런가요? 하하하."

아빠의 입가에는 연신 미소가 번졌다. 사랑하는 사람들과 함께 아름다운 추억을 만들기 위해 여행을 떠나는 게 삶에서 며칠이나 될까. 이 세상 그 어떤 행복도 지금 이 순간보다 더 행복할 순 없을 것이다.

톨게이트에 도착한 아빠는 통행료를 내기 위해 손을 뻗었다.

그런데 그때였다.

그 짧은 순간, 행복은 불행으로 변했다. 끔찍한 사고가 난 것이다. 바퀴가 열여덟 개나 있는 어마어마하게 거대한 트럭이 아빠의 차를 향해 무섭게 돌진했다.

끼이익. 쾅.

거대한 트럭이 차를 덮쳤다. 차에 거센 충격이 느껴졌다. 아빠와 고모부는 정신을 잃었지만 가까스로 밖으로 탈출할 수 있었다.

"조엘, 저 안에 조엘이……."

아빠는 곧바로 정신을 잃고 쓰러졌다.

차 상태는 심각했다. 심하게 찌그러졌고 곧이어 연료탱크가 폭발했다. 불길이 치솟았다. 문제는 유아용 보조좌석에 있는 조엘이었다.

다행히도 근처에 있던 한 젊은이가 소화기를 들고 나타났다. 불길은 잡았지만 차의 많은 부분은 이미 녹아내렸다. 가까스로 조엘을 밖으로 꺼낼 수 있었지만 상태는 최악이었다. 머리카락은 한 올도 남아 있지 않았다. 코는 완전히 내려앉았다. 두피도 다 녹아내려 두개골이 다 보였다. 입술 역시 탱탱 불었다. 온몸 전체에 화상을 입었다. 사람의 형체라 할 수 없었다. 그저 커다란 숯덩어리에 불과했다.

병원에 도착한 조엘은 본격적으로 치료를 시작했다. 가장 먼저 피부이식수술을 했다. 하복부에 남아 있는 그마나 상태가 좋은 피부조직을 채취해 다 타버린 등의 상처를 덮는 수술을 했다. 며칠 후, 이번에는 가슴 부위를 덮는 수술을 했다. 말도 제대로 못하는 조엘이 고통을 호소하는 표현방법은 그저 울음뿐이었다.

"아앙. 아앙."

조엘의 울음소리를 들을 때마다 엄마, 아빠의 가슴은 찢어졌다.

"조엘, 많이 아프지? 조금만 참아. 괜찮아. 괜찮아."

두어 차례의 피부이식수술이 무사히 끝나긴 했지만 그것만으로는 부족했다.

의사는 엄마, 아빠에게 말했다.

"피부이식에 한계가 있습니다. 건강한 피부조직이 아이에게는 더 이상 없습니다. 상처 부위를 덮으려면 더 많은 피부조직이 있어야 합니다. 다른 사람의 도움이 필요합니다."

"선생님, 아이를 위해서라면 뭐든지 할 수 있습니다. 제 피부조직을 아이에게 주겠습니다."

"다른 사람에 대한 거부반응으로 인해 아이의 고통은 더 심해질 수도 있지만 현재로서는 그 방법밖에 없네요. 그리고 아버님도 각오를 단단히 해야 합니다. 고통은 이루 말할 수 없습니다."

"조엘도 참아냈는데 저도 당연히 참아내야죠."

아빠의 허벅지에서 피부조직을 떼어내 조엘의 다리에 이식했다. 수술은 성공적으로 끝났지만 조엘의 체온은 40도를 오르내렸다. 아빠 역시 마치 뜨거운 숯불을 피부에 대는 것처럼 고통스러웠다. 인간이 감당할 수 있는 최대치의 고통을 겪어내야만 했다.

그 후로도 조엘은 40여 차례의 대수술을 받았다. 생존율이 10퍼센트도 안 됐지만 어쨌든 생명을 유지할 수 있었다.

세월이 흘러 조엘은 어느덧 학교에 갈 나이가 되었다.

조엘이 나타나자 학교가 뒤집어졌다. 조엘이 다가오면 아이들은 도망치기 바빴다.

"아악! 저리 가!"

어떤 아이는 얼음처럼 얼어붙은 채 울음을 터뜨렸다.

"아아앙."

장난기 심한 아이들은 조엘을 놀려댔다.

"넌 얼굴이 어디로 날아갔니? 완전 원숭이네."

"완전히 외계인이야. 조엘, 너 어서 가. 네 별로 어서 가란 말이야."

"어, 손가락도 없어. 엄지 하나가 전부야. 정말로 징그러워 죽겠네."

아이들의 놀림과 따가운 시선은 조엘에게 화상을 입은 것만큼이나 고통스러운 마음의 상처를 안겼다. 친구들이 두려웠고 학교가 싫었다.

“엄마, 나 학교 안 갈 거야. 아이들이 놀린단 말이야.”

조엘의 울먹이는 소리에 엄마도 눈물이 나왔지만 차마 아이 앞에서 약한 모습을 보일 수 없었다. 오히려 엄마는 조엘을 나무랐다.

“이까짓 일로 학교 안 가면 앞으로 이 험한 세상을 어떻게 살아가겠니? 거울을 봐. 아이들이 널 보고 놀라는 건 당연한 거야. 하지만 그건 네가 낯설고 친하지 않기 때문이야. 네가 먼저 다가가면 모든 것이 다 해결될 거야. 바보처럼 굴지 말고 더 가까이 다가가. 알겠어?”

엄마의 단호한 말투에 조엘은 서러운 눈물이 터졌다.

“그래, 울어라. 오늘 실컷 울고 이제 앞으로는 울지 마라. 아픔과 상처와 서러움을 다 눈물로 흘려보내라.”

엄마는 조엘을 믿었다. 스스로 당당히 일어나 세상의 중심에 서리라는 걸 믿고 또 믿었다.

그 후로도 조엘은 여전히 친구들에게 놀림을 당했고 그로 인해 눈물도 많이 흘렸다. 그렇지만 다행스럽게도 조엘의 마음은 점점 단단해졌고 넓어졌다.

“그래, 난 나야. 남의 시선 따위 중요하지 않아. 내가 나를 사랑해야지. 나에게 다가오기 힘들면 내가 다가가면 되지 뭐.”

조엘은 모든 일에 적극적으로 행동했다. 아이들이 밀어내도 끝까지 다가갔다. 농담도 건네고 햄버거도 내밀었다. 조엘의 적극적인 구애에 친구들도 마음의 문을 열었다.

특히 조엘은 축구할 때 그 누구보다도 더 열심히 뛰었다.

"마이클, 패스해!"

"알았어. 자, 받아."

마이클의 공을 이어받은 조엘은 공을 몰고 골대로 달려갔다.

슛.

조엘의 강력한 슛에 골키퍼는 꼼짝도 못했다.

"와, 이겼다. 우리팀이 이겼다."

"조엘 파이팅!"

아이들은 우르르 몰려와 조엘을 껴안았다. 조엘은 어깨를 우쭐거리며 말했다.

"저 골키퍼 봤니? 내가 다가가니까 무서워서 벌벌 떨잖아. 그래서 쉽게 골을 넣을 수 있었지. 앞으로 나한테만 줘. 내가 다 넣을 테니까."

조엘은 자전거 타기에도 도전했다. 양 손가락이 없는 조엘에게 자전거 배우기는 너무나 힘든 일이었다. 넘어지기를 수백, 수천 번이었지만 그래도 포기하지 않았다. 온몸이 피투성이가 되어도 절대로 페달 돌리기를 멈추지 않았다.

"어, 된다. 된다. 됐어!"

마침내 조엘은 자전거 위에서 균형을 잡을 수 있었다. 용기를 얻은 조엘은 롤러스케이트도 배우고 수상스키까지 배웠다. 온몸은 늘 멍과 피로 범벅이 되었다. 그래도 조엘은 행복했다. 불가능할 거라 생각했던 것이 하나둘 이루어지니 그 기쁨은 배가 되었다.

중·고등학교 때는 더 많이 도전하고 경험했다. 전교학생회장 선거에 출마하기도 했다.

"저는 어릴 적 아주 많은 걸 잃었습니다. 더 이상 잃을 게 없습니다. 이제 얻을 것만 남았습니다. 하루하루 이렇게 살아 있다는 게 기적 같고 행복합니다. 더 이상 두려울 게 없고 도전하는 게 재밌습니다. 저를 회장으로 뽑아주신다면 학생들의 인권을 위해 누구보다 앞장설 것입니다."

조엘은 비록 몸은 장애가 있지만 마음만은 그 누구보다도 굳건하고 강했다. 마침내 조엘은 학생회장에 당선되었다. 그뿐만 아니라 조엘은 방송출연까지 하게 되었다. 역경을 딛고 꿋꿋하게 살아가는 조엘의 삶이 방송에 소개되었고 방송 내내 조엘은 유쾌하게 인터뷰에 응했다.

"전 비록 흉측한 모습으로 태어났지만 이점이 많습니다. 특별히 노력을 하지 않아도 되거든요."

사회자는 고개를 갸웃거리며 조엘에게 물었다.

"조엘 학생, 그게 무슨 말입니까? 특별히 노력도 하지 않고 얻은 게 무엇이죠?"

"남들은 자신을 돋보이게 하기 위해 멋진 옷도 입고 예쁜 신발도 신고 춤도 배우지만 전 전혀 그럴 필요가 없어요. 가만히 있어도 사람들이 저에게 다가와요. 개성이 강하잖아요. 그래서 늘 사람들의 관심을 받아요. 조롱과 멸시도 일종의 관심 아닌가요?"

방송이 전파를 탄 후, 조엘은 슈퍼스타가 되었다. 사인을 받기 위해 조엘 주변에 사람들이 몰렸고 방송을 보고 많은 용기를 얻었다며 수백 통의 편지가 오기도 했다.

청년이 된 조엘은 여전히 도전적인 삶을 살고 있다. 산악자전거는 물론이고 클레이 사격도 배웠고 올림픽 성화 봉송주자로도 뛰었다. 그뿐만 아니라 전 세계를 돌아다니며 절망에 빠진 사람들에게 용기와 희망을 전하는 강사로도 활약하고 있다.

그는 한 언론과의 인터뷰에서 이렇게 말했다.

"모든 인간은 삶의 과정에서 손실과 절망을 겪습니다. 나는 아무것도 모르는 어린 나이에 더 이상 잃을 것이 없을 정도로 많은 것을 잃었습니다. 한때는 잃어버린 것에 대해 아쉽고 아프고 괴로웠지만 지금은 그렇지 않습니다. 잃는 것이 얻는 것보다 인간에게 더 많은 것을 가르친다는 것을 깨달았기 때문입니다. 저는 지금도 세상과 싸움을 계속하고 있습니다. 인간이 상상할 수 있는 최악의 말과 반응들을 견디며 살아가고 있습니다. 이 삶이 고달프긴 하지만 그래도 살아갈 만합니다. 전 저를 사랑하니까요. 저는 저를 믿으니까요. 저는 그 누구보다도 강하니까요.”

전신 화상을 입고도 기적적으로 회복해 많은 이들에게 희망을 전하는 긍정의 청년, 그 청년이 바로 ‘조엘 소넨버그’다.

인간은 스스로가 뛰어넘은
역경만큼 강해진다

인생에 시련이 닥치면 성공이나 행복으로 가는 길을 방해하기도 하지만 그것을 받아들이고 해결하면 오히려 새로운 삶, 새로운 꿈을 가속화하는 계기가 되기도 합니다. 폭풍이 때론 배를 전복시키기도 하지만 그 폭풍으로 인해 배가 더 빨리 전진할 수 있는 원리와 같습니다.

역경을 역경으로 남겨둔다면 그 삶은 우울하고 처참해집니다. 인간의 잠재력은 생각보다 훨씬 강합니다. 희망을 완전히 상실하지만 않는다면 분명 내면에 숨겨진 극복의 힘이 발휘되기 마련입니다. 역경을 친구이자 동반자로 받아들인다면 그로 인해 강하게 성장할 수 있는 좋은 기회를 얻게 됩니다.

미국의 작가 헤밍웨이는 이렇게 말합니다.

"세상은 우리 모두를 파괴하지만 시간이 지나면 많은 사람들이 그 폐허 속에서 더욱 강하게 성장한다."

성공한 사람들은 한결같이 말합니다. 역경으로 인해 힘들었지만 더 많은 것을 얻었고, 그것은 결국 나를 더 크게 키웠다고…….

인간은 스스로가 뛰어넘은 역경만큼 강해집니다. 내 앞을 가로막고 나를 주저앉히는 것을 장벽이 아닌 도약의 발판 혹은 디딤돌로 활용한다면 지금의 인생보다 훨씬 더 자유롭고 아름다울 수 있습니다.

네가 웃을 수만 있다면
난 끝까지 달릴 거다

02

아들을 휠체어에 태우고 달리는 아버지, 딕 호이트

네가 웃을 수만 있다면
난 끝까지 달릴 거다

딕 호이트는 의사의 멱살을 잡고 벽 쪽으로 밀쳤다.

"포기하라고? 네가 의사면 다야! 지금 그걸 말이라고 해!"

의사의 입에서 꺽꺽대는 소리가 터져 나왔다. 금방이라도 숨이 넘어갈 것 같았다.

"제발, 제발 이것 좀 놔주세요."

그제야 딕 호이트는 멱살 잡은 손을 풀었다.

"허헉."

의사는 몽롱한 눈빛으로 가쁜 숨을 몰아쉬었다. 딕 호이트는 여전히 분이 풀리지 않았는지 의사에게 다시 물었다.

"다시 한 번 말해보시죠. 내 아이를 포기하라는 말, 다시 한 번 해보라고!"

"흥분하지 마시고 제 말씀 좀 들어보세요. 저도 생명을 소중하게 생각하는 의사입니다. 그러나 현실은 그리 만만치 않습니다. 그러니 하는 소리입니다. 아까 말씀 드린 것처럼 아이는 뇌성마비입니다. 지금 상태를 봐서는 어쩌면 평생 식물인간으로 지내야 할지도 모릅니다. 물론 도중에 죽을 수도 있고요."

딕 호이트의 분노가 슬픔으로 바뀌었다. 그는 그 자리에 무너져 내렸다.

"의사 선생님, 제발…… 이대로 포기할 순 없습니다. 새 생명을 갖고 태어났는데 축복은 못 해줄망정 죽음을 얘기하다니요. 이럴 순 없습니다. 제발 좀 살려주세요.”

의사는 한숨을 내쉬었다. 달리 방법이 없었다.

아이가 엄마의 뱃속에 있을 때 탯줄이 목에 감겨 뇌에 산소가 제대로 공급되지 않았다. 그래서 심각한 장애를 갖고 태어난 것이다.

딕 호이트는 아이를 안고 병원에서 나왔다. 남들의 눈에는 그저 이 아이가 아픈 아이로만 보일지 모르겠지만 그의 눈에는 하늘에서 내려온 천사와도 같았다.

딕 호이트는 아이의 얼굴을 한참 동안 바라보았다. 웃지도 않고 울지도 않는 아이, 몸이 뒤틀린 아이를 바라보고 있으니 마음이 시려왔다. 그렇지만 아이의 눈망울은 참으로 맑고 고왔다. 이 사랑스러운 아이를 어찌 포기할 수 있단 말인가. 딕 호이트는 왈칵 눈물이 났다. 눈물 서너 방울이 아이의 얼굴에 떨어졌다.

“괜찮아. 넌 괜찮을 거야. 아빠가 너와 함께할 테니 걱정하지 마.”

그러나 아이는 여전히 아무런 반응이 없었다.

세월이 흘러 어느덧 아들 릭이 열다섯 살이 되었다.

몸을 제대로 가눌 수 없고 말도 할 수 없던 릭, 그런 릭이 이만큼 잘 자랄 수 있었던 건 그의 곁에 마음 따뜻한 아빠, 딕 호이트가 있었기 때문이다. 그는 릭을 세상 사람들에게 숨기지 않았다. 일부러 더 많은 사람에게 소개시켜줬다. 몸은 불편하지만 릭도 이 세상의 일원이고 분명 이 세상을 위해 할 수 있는 일이 있다는 것을 보여주고 싶었다.

그러던 어느 날, 딕 호이트는 기적과도 같은 일을 경험하게 되었다. 그 기적 같은 일이란 바로 아들이 처음으로 의사표현을 한 것이다. 아들이 세상을 향해 던진 그 한 마디는 바로 'RUN'이었다.

"릭! 지금 뭐라고 했니? 이 아빠가 잘못 들은 게 아니니?"

분명히 들었다. 딕 호이트는 너무나도 선명하게 아들의 음성을 들었다. 분명히 달리고 싶다는 말이었다.

"세상에 이런 일이! 그래 고맙다. 내게 말을 걸어줘서 정말로 고맙다. 달리고 싶니? 정말로 달리고 싶어?"

아들은 아무 말 없었지만 딕 호이트는 아들의 눈빛을 읽을 수 있었다.

'예. 아버지, 저 달리고 싶어요. 세상 사람들에게 제가 살아 있다는 걸 보여주고 싶어요.'

"그래. 우리 달리자. 네가 원한다면 난 뭐든지 할 수 있어. 난 너의 아버지니까."

사실 뇌성마비 장애를 가진 사람이 달린다는 건 불가능한 일이다. 그렇지만 아버지에게 불가능이란 없었다. 아들이 처음으로 원한 일이니까 반드시 그 일을 이루게 해주고 싶었다. 이가 없으면 잇몸으로 씹으라는 말이 있지 않은가.

그날 이후로 아들 릭은 달리기 시작했다. 엄밀히 말하면 릭이 달린 게 아니라 딕 호이트가 달린 거다. 그는 아들 릭을 태운 휠체어를 밀며 달렸다. 비록 릭이 스스로 달리는 건 아니었지만 릭은 자신이 달리고 있다는 것을 느낄 수 있었다. 시원한 바람이 릭의 양 볼에 닿았다. 생애 처음으로 접해보는 느낌이었다.

"릭, 기분 어때? 좋니?"

딕 호이트는 가쁜 숨을 내쉬며 말했다. 릭은 대답하지 않았지만 분명 행복해하고 있다는 걸 가슴으로 느낄 수 있었다.

달리기는 하루 이틀로 끝나지 않았다. 평소에 하지도 않은 운동을 갑자기 하다 보니 온몸이 쑤시고 특히 무릎에 통증이 왔다. 그렇지만 딕 호이트는 멈출 수 없었다. 다음 날은 더 먼 거리를 달렸다. 오르막길은 휠체어의 무게 때문에 힘들었지만 그렇다고 주저앉을 수는 없었다. 오르막길이 있으면 또 내리막길이 있지 않은가. 오직 아들만 생각했다.

'지금 이 순간 아들이 얼마나 행복해할까.'

그 생각이 그의 다리를 지탱해줬다. 그렇게 그는 달리기 시작했다. 비가 오면 비가 오는 대로, 눈이 오면 눈이 오는 대로 세상 모든 것을 아들에게 다 보여주고 싶었다.

"릭, 우리 마라톤에 출전해볼까?"

릭은 힘들게 얼굴을 움직이며 고개를 끄덕였다.

“괜찮겠니? 힘들지 않겠어?”

릭은 마음으로 말했다.

‘전 괜찮아요. 그런데 아버지가 걱정이에요. 마라톤은 혼자서도 힘든 일인데 저를 끌고 달릴 수 있겠어요? 죄송해요. 저 때문에…….’

“그런 소리 마라. 난 힘들지 않다. 그리고 네가 없었다면 난 도전할 생각도 하지 않았다. 나를 달리게 하는 건 바로 너니까.”

그렇게 딕 호이트와 아들 릭은 마라톤 대회에 출전했다. 몇 번의 실패와 도전을 거듭한 끝에 마침내 휠체어를 밀며 42.195킬로미터 마라톤을 완주했다.

결승선에 들어온 딕 호이트와 릭은 벅찬 가슴을 주체할 수 없었다. 이 엄청난 일을 해냈다는 게 도저히 믿기지 않았다.

“릭, 우리가 해냈다. 우리가 해냈어. 불가능한 일인 줄 알았는데 우리가 드디어 해냈구나. 릭, 어떠니? 기분이 어떠니?”

딕 호이트는 아들의 얼굴에서 환희와 감격의 표정을 읽을 수 있었다.

‘아버지, 달리는 내내 저는 제가 장애인이라는 사실을 전혀 느끼지 못했어요. 저는 살아 있어요. 그렇죠? 저 분명 살아 있는 거죠?’

“그럼. 넌 살아 있어. 내 사랑하는 아들로 이렇게 살아 있잖아.”

마라톤을 시작으로 도전은 계속되었다. 아들이 이렇게 좋아하고 원하는 일인데 그만둘 수 없었다.

"딕, 이왕 하는 거 이번엔 철인3종경기에 출전하는 건 어떨까?"

아들은 고개를 끄덕였다.

"이건 마라톤과 차원이 달라. 인간의 한계에 도전하는 스포츠야. 그래도 원해?"

아들은 더 힘차게 고개를 끄덕였다.

며칠 후, 딕 호이트는 아들을 데리고 수영장에 갔다.

"저 사람 미쳤나 봐. 아이를 죽이려고 해."

"성한 아이도 아니고 장애를 가진 아이인 것 같은데 정말 무서운 사람이야."

"경찰에 신고해야겠어요. 아픈 아이를 물에 빠뜨리다니……."

수영장에 있는 사람들이 다들 한 마디씩 내뱉었다.

딕 호이트는 사람들의 시선이 신경 쓰이긴 했지만 무시하기로 했다. 지금은 사람들의 시선이나 말 따위가 중요하지 않았다.

수영장 한쪽에서 딕 호이트는 릭을 물 위에 눕힌 다음 떠받쳤다. 그리고 물 한가운데를 향해 한 걸음, 한 걸음 걸어갔다.

"릭, 기분이 어떠니? 지금 네가 물 위에 떠 있어."

릭은 아무 말 없었다. 다만 얼굴 근육을 힘겹게 움직일 뿐이었다. 릭은 표정으로 자신의 감정을 표현하는 중이었다.

"두렵다고? 무섭다고 그러는 거지? 하지만 릭, 괜찮아. 겁먹지 마. 아빠가 네 옆에 있잖아. 나의 이 팔로 너의 등을 받치고 있잖아."

아빠의 말에 안심이 되었는지 릭의 얼굴이 한결 편안해졌다.

"릭, 아빠 말 잘 들으렴. 이 세상을 살아간다는 건 참으로 어려운 일이란다. 특히 너처럼 장애를 가진 사람은 더더욱 그렇지. 그렇다고 숨어서 지내거나 피하는 건 좋지 않아. 두려울수록 맞서 싸워야 하는 거야. 처음에 두려웠던 것도 막상 경험하다 보면 별 게 아닌 게 되거든. 사실 이 아빠도 오늘 물을 처음으로 접하는 거야. 지금까지 수영을 한 번도 해본 적이 없거든. 릭, 네 덕분에 이 아빠도 두려운 것 하나를 이겨냈구나."

딕 호이트는 이번에는 아들과 함께 자동차를 끌고 집 근처 호수로 갔다. 자동차 지붕에는 보트 하나가 매달려 있었다. 그는 차에서 보트를 끌어내렸다.

"자, 그럼 슬슬 시작해볼까."

아들과 함께 참여하기로 한 수영, 사이클, 마라톤으로 구성된 철인 3종 경기가 6개월 앞으로 다가온 것이다.

보트에 달린 끈을 자신의 허리춤에 단단히 묶었다. 그리고 호수 위에 보트를 띄웠다.

"릭, 이제 네 차례다. 넌 보트 위에 누워만 있으면 돼."

그는 아들을 안아 보트 위에 눕혔다.

"자, 그럼 출발한다."

그는 팔과 다리를 내저으며 수영하기 시작했다. 보트의 무게 때문에 앞으로 나아가는 게 힘들었지만 멈추지 않고 계속해서 팔과 다리를 내저었다. 그러자 보트가 서서히 움직이기 시작했다.

그렇게 둘은 세상을 향해 한 걸음 한 걸음 다가갔고 점점 강한 사람이 되어갔다.

마침내 그들 부자는 철인3종경기에 출전했다. 그러자 지인들은 다들 혀를 내둘렀다. 수영도 못하고 자전거도 타본 적이 없는 사람이 어떻게 도전한다는 건지 염려가 이만저만이 아니었다.

"어차피 인생이라는 것이 하루하루 도전의 연속이 아니겠는가? 자네들의 염려와 걱정을 응원으로 받아들이겠네."

딕 호이트는 아들을 실은 고무보트를 허리에 묶고 바다를 가로질러 3.9킬로미터를 수영했다. 그리고 이번에는 아들을 태운 자전거의 페달을 밟아 180.2킬로미터를 달렸다. 마지막으로 아들이 탄 휠체어를 밀며 42.195킬로미터를 완주했다.

그 후에도 이들 부자의 도전은 계속되었다. 마라톤 64회 완주는 물론이고 단축철인3종경기에 참가했으며, 달리기와 자전거로 6,000킬로미터에 이르는 미국 대륙을 횡단하기도 했다.

한 언론과의 인터뷰에서 기자가 딕 호이트에게 물었다.

"참으로 대단하십니다. 혼자 해내기도 힘든 일을 어떻게 해냈습니까?"

딕 호이트는 말했다.

"혼자가 아니고 둘이라 가능했습니다. 그리고 전 아버지니까요."

지금 이 순간에도 그들 부자는 달리고 있다. 일흔 살이 훌쩍 넘은 아버지와 쉰 살이 넘은 아들, 두 영웅이 세상을 향해 달리고 있다.

오늘, 아버지의 사랑과 희생에
작게나마 보답을 시작해라

부성애父性愛를 말할 때 빠지지 않고 등장하는 이야기가 있습니다. 바로 가시고기 이야기입니다.

암컷 가시고기는 둥지 안에 알을 낳고 나면 수컷을 남겨두고 미련 없이 떠납니다. 이때부터 수컷 가시고기의 눈물겨운 부성애가 시작됩니다. 혹여나 적들이 알을 공격하지 않을까 잠시도 눈을 떼지 않습니다. 적들이 공격해오면 죽기 살기로 덤벼듭니다. 밤에도 잠을 자지 않습니다. 배가 고파도 먹이 활동을 하지 않습니다. 알을 지키는 것이 그의 일상이고 인생입니다.

수컷은 둥지 안으로 새 물을 넣어주기 위해 쉼 없이 앞 지느러미를 움직입니다. 지극 정성으로 돌본 덕에 새끼들이 무사히 세상 밖으로 나올 수 있습니다. 그러나 수컷 가시고기는 알을 돌보느라 제대로 잠도 못 자고 먹지도 못한 탓에 오래 버티지 못하고 숨을 거둡니다. 이 역시도 자신의 새끼들을 위한 죽음입니다. 아직 먹이 사냥이 서툰 새끼들을 위해 기꺼이 자신의 살을 내줍니다. 새끼들은 죽은 아비의 살을 뜯어 먹습니다. 아비는 결국 앙상한 가시만 남게 됩니다.

이 시대의 아버지 역시 자식 사랑은 수컷 가시고기 못지않습니다. 자식을 위한 일이라면 기꺼이 자신의 모든 것을 내놓을 준비가 되어 있습니다. 표현이 서툴고 과묵하나 아버지의 마음은 늘 자식에게로 향하고 있습니다. 우리는 그 깊고 넓은 마음을 알아야 합니다.

그러나 자식을 사랑하는 아버지의 마음을 당연하게 받아들여서는 안 됩니다. 이 세상에 당연한 것은 없습니다. 내가 행복할 수 있고 부유할 수 있고 편안할 수 있는 건 누군가의 정성과 희생의 대가입니다.

이제 아버지의 사랑과 희생에 작게나마 보답을 시작해보십시오. 보답은 대단한 게 아닙니다. 세상의 짐을 짊어지고 묵묵히 걸어가는 아버지를 잠시라도 웃게 해드리는 것, 그것으로도 충분합니다. 전화 한 통, 따뜻한 말 한 마디, 다정한 손길, 함께하는 식사면 충분합니다. 그것만으로도 아버지는 웃을 수 있습니다.

오늘 하루, 아버지에게 한걸음 더 다가가는 시간을 마련하기 바랍니다.

꿈은
쓰레기통에서도 자란다

03

노숙자에서 하버드대 학생이 된 소녀, 카디자 윌리엄스

"카디자, 입학을 축하한다."

"나도 축하해. 난 처음부터 알아봤어. 넌 좀 특별하다는 걸."

"나도 나도. 나중에 성공해도 우리 외면하면 안 된다."

"그래야지. 마음 울적하거나 옛날 생각이 나면 이곳으로 오너라. 언제나 대환영이다. 다시 한 번 축하한다."

"올 때 술이랑 담배 좀 사와. 알았지?"

쓰레기더미로 가득한 어느 거리의 구석진 골목에 마약상인 마이클 아저씨와 매춘부 크리스탈, 줄리아 언니, 노숙자 빈 아저씨, 캐디 아줌마, 톰 오빠와 이름도 모르는 걸인 등 여러 명이 모였다. 이곳에 이들이 오랜만에 모인 이유는 한 소녀의 미래를 축하해주기 위해서다. 이 지역 노숙자 출신인 열여덟 살의 카디자 윌리엄스가 하버드대학에 입학하게 된 것이다.

사람들은 다시 한 번 축하 인사를 건넸다.

"카디자, 정말로 축하한다. 넌 우리들의 희망이야."

"예. 고맙습니다."

"자, 다들 한잔씩 하자!"

축하 파티가 열렸다. 말이 파티지 매일 밤마다 벌어지는 술판과 큰 차이가 없었다. 안주도 없이 맥주를 마셨다. 한쪽에서는 독한 술을 마시는 사람이 있는가 하면 연신 한숨만 내쉬며 담배를 피우는 사람도 있었다. 또 한쪽 구석에서는 이 모든 상황이 귀찮고 따분한지 바닥에 종이박스를 깔고 모로 누워 자는 사람도 있었다.

매춘부인 크리스탈이 카디자 엄마인 챈트완의 옆구리를 쿡쿡 찌르며 말했다.

"언니도 한마디 해. 언니 딸이 하버드에 입학했는데 한마디 해야지. 어서."

엄마는 작은 목소리로 중얼거리듯 말했다.

"내가 할 말이 있나 뭐. 딸만 보면 늘 미안한 마음뿐이지."

엄마는 카디자를 물끄러미 바라보았다. 이내 엄마의 눈에 눈물이 맺혔다. 카디자 역시 눈망울이 촉촉해졌다. 둘은 서로 부둥켜안으며 흐느꼈다. 기적과도 같은 일이 일어나다니 참으로 믿을 수 없었다. 또한 너무나 감사하고 행복했다.

"미안하다. 카디자, 널 이런 환경에서 지내게 해서 정말 미안하다."

"괜찮아. 엄마가 그러고 싶어서 그런 거 아니잖아. 어쩔 수 없었잖아. 이제까지 엄마가 날 지켜줬으니까 앞으로는 내가 엄마를 지킬게. 엄마, 사랑해."

엄마는 카디자를 안아주었다. 엄마의 품에 안긴 카디자는 입가에 미소가 번졌다. 예나 지금이나 엄마의 품은 따뜻하고 포근했다.

대부분의 아이들이 축복을 받으며 태어나지만 카디자는 축복을 받지 못했다. 그 이유는 엄마인 챈트완이 열네 살의 어린 나이에 아이를 낳았기 때문이다. 더군다나 아이의 아빠가 누군지도 모르는 상황이었다.

"동네 창피해서 원! 너 같은 건 필요 없어! 이 아이 데리고 당장 집에서 나가!"

집에서 쫓겨난 엄마는 어디로 가야 할지 막막했다. 혼자 몸이라면 친척집이나 친구집에 잠깐 가 있을 수도 있지만 아이까지 딸린 상태라 그곳에 머물 수도 없고 참으로 어떻게 해야 할지 답이 보이지 않았다.

"카디자, 우리 앞으로 어떡하지? 어떻게 살지?"

엄마와 카디자를 반겨줄 곳은 아무 데도 없었다. 결국 엄마가 선택할 수 있는 곳은 길거리 밖에 없었다. 길거리 후미진 곳에 종이 박스를 깔고 앉아 아이에게 젖을 물렸다.

"그래그래. 잘 먹는다. 그렇지. 카디자, 무럭무럭 커서 아주 훌륭한 사람이 되렴."

길거리에서의 생활은 비참함 그 자체였다. 쓰레기가 널브러져 있고 술에 취한 사람들이 괜히 시비를 걸기도 하고 아이를 끌어안고 잠을 자다가 새벽녘에 비가 오는 바람에 홀딱 비에 젖기도 했다. 겨울에는 두꺼운 솜옷 하나로 추위를 견뎌내야 했다. 힘들고 고달픈 삶이지만 나름 열심히 살았다. 그러다가도 한 번씩 찾아오는 서러움과 우울함은 엄마를 힘들게 했다.

“숨이 붙어 있다 뿐이지 이건 사는 게 아니야. 차라리 죽는 게 낫겠어.”

엄마는 아이랑 함께 죽을 결심도 몇 번이나 했다. 그러나 아이의 초롱초롱한 눈망울을 볼 때마다 다시금 희망을 믿었다. 엄마는 일을 시작했다. 일을 해서 약간의 돈이 모이면 저렴한 여관방에서 머물기도 했다. 그리고 도저히 길거리 생활을 할 수 없을 때는 홈리스 보호시설에 신세를 지기도 했다. 그곳에는 노숙자는 물론이고 마약중독자, 알코올중독자가 득실거렸다. 그곳에서의 생활이 불편하면 다시 길거리로 나와 노숙생활을 했다. 돈이 한 푼도 없는 날에는 쓰레기통을 뒤지는 일도 허다했다.

어느덧 세월이 흘러 카디자는 10대 후반이 되었다.

“카디자, 안 자니?”

“잠깐만요. 책 좀 읽고 잘게요.”

카디자는 서너 권의 책을 들고 가로등 밑으로 갔다. 그곳에서 밤새 책을 읽었다. 인적이 드문 곳이라 조용하고, 불빛도 있어 책 읽기에 이만한 장소는 없었다. 카디자는 어려운 환경이었지만 그래도 한 달에 4~5권의 책은 읽었다. 이 생활에서 벗어날 수 있는 길은 오직 책밖에 없다고 생각했다. 책을 읽을 때만큼은 불행하다는 생각이 들지 않았다. 그만큼 카디자는 책을 좋아했다.

어느 날 아침, 카디자는 엄마에게 폭탄선언을 했다.

"엄마랑 이제 헤어질 거야."

"너 그게 무슨 소리니? 엄마랑 인연을 끊겠다는 거야? 내가 널 키우느라고 얼마나 고생했는데 지금 그게 무슨 소리야!"

"그게 아니라 공부를 위해서 당분간 떨어지자는 거야. 엄마, 생각해봐. 10년 동안 학교를 열 곳이나 옮겨 다녔어. 어떻게 제대로 공부를 하겠어? 그리고 나 이제 고등학생이야. 대학도 생각해야지."

대학이라는 말에 옆에서 듣던 노숙자들이 비웃었다.

"애야, 정신 차려라. 네 꼴을 좀 봐라. 넌 노숙자야. 노숙자 주제에 무슨 대학이야."

"그러게 말이야. 공부는 아무나 하니? 그리고 공부할 시간 있으면 내일 한 끼 어디서 때울지나 고민해라."

사실 엄마도 카디자의 말에 어이가 없긴 했지만 그렇다고 노숙자들의 편에 설 순 없었다.

"당신들이 뭔데 내 딸에게 그런 소릴 해! 내 딸은 충분히 해낼 수 있어. 내 딸이 공부를 얼마나 잘하는데."

고등학교 2학년 때, 카디자는 엄마와 헤어져 홀로 오렌지카운티에 남았다. 그곳에서 LA에 있는 학교를 다녔다. 학교까지 50킬로미터나 떨어진 탓에 매일 아침 새벽 4시에 일어나야 했다. 공중

화장실에서 세수를 하고 그곳에서 그날 배울 내용을 미리 예습한 후 학교로 향했다. 노숙한다는 걸 반 친구들이 알아차릴까 봐 온몸 구석구석 깨끗이 씻고 다녔지만 반 친구들을 속일 순 없었다.

"야, 저리 가! 네 몸에서 냄새난단 말이야!"

"너 노숙자라는 소문이 있는데 그거 사실이니? 어휴, 불쌍해서 못 봐주겠네."

"너희 집 주소가 어떻게 되니? 길바닥이 너희 집 주소지?"

친구들은 카디자를 놀려댔다. 화가 나고 속상했지만 그러면 그럴수록 더 적극적으로 친구들에게 다가갔다. 그녀의 친화력으로 다행히 친구들과 사이좋게 지낼 수 있었다. 육상팀, 토론팀에 동아리 활동도 열심히 했다. 물론 공부는 누구에게도 뒤지지 않았다. 시험 때면 밤새 공중화장실 아니면 가로등 밑에서 공부했다. 카디자에겐 그곳이 세상에서 가장 좋은 공부방이었다.

잠을 자면 꿈을 꾸지만 공부를 하면 꿈을 이루고 새로운 삶을 살 수 있다는 믿음으로 치열하게 공부했다. 카디자의 공부에 대한 불타오르는 의지는 누구도 막을 수 없었다. 결국 카디자는 일을 내고 말았다. 고등학교를 4.0만점에 가까운 학점으로 졸업했고 그뿐만 아니라 브라운대학, 컬럼비아대학 등 20여 개 대학의 합격통지서를 받았다. 그 가운데 카디자는 세계 최고의 명문대학인 하버드대학을 선택했다. 노숙자에서 하버드대학 학생이 된 것이다.

기적을 일궈낸 카디자는 한 언론과의 인터뷰에서 이렇게 말했다.

"처음에는 사람들이 나를 놀렸지만 나중에는 나를 존중하고 존경할 겁니다. 그리고 가난은 결코 변명거리가 되지 못한다고 생각합니다. 더 이상 사람들은 저를 노숙자라 부르지 않습니다. 저의 인생은 지금부터 시작입니다."

역경은
열정을 불러일으키는 자극제다

영국 산업혁명이 일어난 시기에 증기기관차가 처음으로 세상에 선보였습니다. 그 증기기관차를 발명한 사람은 조지 스티븐슨입니다. 대부분의 사람들은 그가 부유한 집안 출신인 줄 압니다. 하지만 그가 부모님으로부터 물려받은 유산은 하나도 없었습니다. 그러나 그에겐 '목표'라는 큰 재산이 있었습니다. 증기기관차를 만들겠다는 목표는 그를 늘 가슴 뛰게 했고 가난한 현실을 잊게 만들었습니다. 마침내 그는 독학으로 가슴에 품었던 목표를 이뤄냈습니다. 가장 낮은 곳에서 시작해 가장 높은 곳에 오른 것입니다.

역경이 때론 사람들에게 고난과 시련과 좌절을 주지만 목표가 뚜렷한 사람 앞에서는 큰 힘을 발휘하지 못합니다. 오히려 역경은 목표에 대한 더 강한 열정을 불러일으키는 자극제가 됩니다.

알프스 산맥의 낮은 지대에는 쭉쭉 곧게 자란 나무들이 우거져 있습니다. 그렇지만 고도가 높아질수록 곧은 나무는 찾아보기 힘듭니다. 몸체가 뒤틀려서 기괴한 모습을 한 나무들뿐입니다. 그러나 그 볼품없는 나무들은 세계적인 브랜드의 바이올린 재료로 쓰입니다. 열악한 환경을 이겨낸 나무가 더 가치 있게 쓰이는 것입니다.

누구나 편안한 삶을 원하지만 때로는 환경이 허락하지 않을 때가 있습니다. 그렇다고 무기력하고 나약한 삶을 살아서는 안 됩니다. 도전하고 극복할 상황이 주어졌다는 건 어쩌면 더 크게 성장할 수 있는 기회인지도 모릅니다. 불우한 상황과 환경을 극복하는 그 순간, 성취의 보람은 배가 될 것입니다.

인간은 다만 인간이고 또 인간이다

04

비극적이지만 숭고한 삶을 산 코끼리 인간: 조지프 캐리 메릭

영국의 소도시 길거리. 두 갈래로 머리를 곱게 땋은 소녀가 한 건물 앞에 서 있었다. 소녀는 건물 앞에 있는 문패 하나를 바라보았다. 그 문패에는 다음과 같이 적혀 있었다.

모든 세대, 모든 사람들에게 용기와 존엄성을 일깨워준 자.

그 문패는 다름 아닌 조지프 캐리 메릭을 추모하기 위한 것이었다. 메릭이 죽은 지 100년이 훨씬 지난 2004년에 만들어진 추모 문패다.

소녀는 한참 동안 그 자리에 머물렀다. 이후, 발걸음을 옮겨 근처에 있는 아담한 카페에 들렀다.

햇살이 들어오는 창가 쪽 자리에 앉아 코코아 향과 함께 책 한 권을 읽기 시작했다. 그 책은 메릭의 삶을 다룬 책이었다. 어느새 소녀는 메릭의 삶 속으로 빨려 들어갔다.

1862년 8월 5일, 영국의 한 소도시에서 아이의 울음소리가 우렁차게 울려 퍼졌다.

"으앙."

건강하게 생긴 사내아이가 태어났다.

"어머, 귀여워라. 저 눈 좀 봐요."

“그래, 반짝이는 별이 눈에 박힌 것 같아. 저 살결 좀 봐. 참으로 곱고 눈부시다.”

“이렇게 예쁜 아이를 얻게 되다니 정말로 기뻐요.”

아이를 바라보는 엄마의 가슴은 더욱 벅찼다. 그 이유는 자신이 기형 장애를 앓고 있었기 때문이다. 혹시나 자신의 병이 아이에게 옮지는 않을까 임신 내내 마음고생이 이만저만이 아니었다.

“다행이에요. 정말 다행이에요.”

“그래, 이제 무거웠던 마음을 내려놔. 이렇게 건강한데 뭐가 걱정이야.”

품안에 아이를 안은 엄마는 무척 행복했다.

아이는 자라 아장아장 걸음마를 시작했다. 그런데 그 걸음마는 세상을 향한 행복과 희망의 걸음마가 아닌 아픔과 절망을 예고하는 서막이었다.

“여보, 이리 좀 와봐요.”

“왜 그래? 무슨 일 있어?”

“메릭의 얼굴이 이상해요. 얼굴에 작은 혹 같은 게 났어요.”

“어, 그러네. 걱정하지 마. 별 거 아닐 거야.”

아빠는 일단 엄마를 안심시켰다. 그러나 마음 한구석이 찜찜했다. 혹시 엄마의 병이 아이에게 전해지는 건 아닐까 불안했다.

엄마는 아무 일도 아닐 거라고 생각하며 고개를 흔들었지만 이미 마음속에는 불안과 공포의 씨앗이 뿌려졌다.

불길한 예감은 왜 빗나가지 않는 걸까.

메릭이 세 살 될 무렵부터 끔찍한 악몽이 시작되었다. 얼굴에 난 좁쌀만 한 작은 종양이 점점 밤송이만큼 커졌다. 한 해, 두 해가 지나자 그 종양은 더더욱 커져만 갔다. 종양은 걷잡을 수 없을 정도로 빠르게 자랐다.

급기야는 뒤통수에 배추모양의 종양이 달렸고 그 크기 또한 머리만 했다. 그뿐만 아니라 얼굴도 기형적으로 변했다. 윗입술은 뒤집혔고 입안의 속살덩이가 밖으로 나왔다. 거기에다 오른팔은 나무껍질처럼 투박하고 크기도 왼팔에 비해 컸다. 인간의 외모라 할 수 없을 정도로 흉측하고 추했다. 한마디로 괴물과도 같았다.

엄마, 아빠는 메릭의 모습을 보고 경악했다. 엄마, 아빠뿐만 아니었다. 동네 사람이나 친척들도 마찬가지였다. 모두 메릭을 보고 뒷걸음질쳤다.

"도대체 이게 어떻게 된 거야?"

"이건 인간이 아니야."

"저 아이는 메릭이 아니야. 신의 저주를 받은 악마야."

"엄마의 저주가 아이에게 옮겨갔어."

그런 소리를 들을 때마다 엄마, 아빠는 가슴이 무너져 내렸다.

엄마는 울부짖으며 하늘을 원망했다.

"이 몹쓸 병을 나한테만 주지, 왜 저 아이에게까지 주시는 겁니까? 도대체 이런 법이 어디에 있습니까? 저 아이는 앞으로 어떻게 해야 합니까?"

그 후로 몇 년이 지났다.

메릭은 부랑자 보호시설에 있었다. 그동안 그에게 참으로 많은 일이 있었다. 엄마는 세상을 떠났고 아빠는 재혼을 하게 되었다. 아빠는 메릭을 끝까지 책임지고 싶었지만 새엄마의 반대가 만만치 않았다. 새엄마는 메릭과 한 집에서 살려고 하지 않았다.

"저 애랑은 단 하루도 이 집에서 못 살아요. 버리세요. 없애버리세요."

"겉모습만 그렇지 얼마나 착한 아이인데. 우리 함께 살자."

"그럼 제가 나가겠어요. 더 이상 저를 찾지 마세요."

"아, 아, 아니야."

새엄마의 구박과 아빠의 외면으로 인해 결국 메릭은 친척집으로 가야 했다. 그러나 친척집에서도 그 모습으로는 살아갈 수 없었다. 그는 모든 이의 짐이었고 놀림거리였다. 결국 그는 길거리로 나올 수밖에 없었다.

부랑자 보호시설에서도 그는 외모 때문에 힘든 삶을 살아야 했다. 그에게 다가오는 사람은 없었다. 언제나 외톨이였고 놀림의 대상일 뿐이었다. 막대기로 쿡쿡 찔러보는 사람이 있는가 하면 무섭다며 돌멩이를 던지는 사람도 있었다.

그곳에서도 오래 있지 못했다. 결국 그는 길거리를 떠돌 수밖에 없었다.

그러던 어느 날, 바이츠라는 사람에게 눈에 띄어 서커스단으로 가게 되었다.

"넌 오늘부터 우리 서커스단의 단원이다."

말이 단원이지 그가 하는 일은 재주를 부리거나 마술을 하는 게 아니었다. 그가 하는 일이라곤 한마디로 동물원의 원숭이처럼 우리에 갇혀 사람들의 구경거리가 되는 것이었다.

"신사숙녀 여러분! 오늘도 저희 서커스단에 와주셔서 대단히 감사합니다. 오늘은 특별한 쇼를 준비했습니다. 기상천외한 쇼쇼쇼! 바로 코끼리를 닮은 인간, '엘리펀트맨 쇼'입니다. 자, 이제 공개합니다."

서커스 사회자가 검은 천을 벗기자 메릭의 모습이 보였다.

메릭의 모습을 본 사람들은 경악했다.

"세상에 저게 뭐야? 인간이야, 괴물이야?"

아이들은 소리를 지르며 손바닥으로 얼굴을 가렸다. 어떤 사람은 혐오스럽다며 먹고 있던 빵을 던지기도 했다. 그러면서도 사람들은 메릭에 대해 지대한 호기심을 가졌다. 메릭의 눈빛 하나, 손길 하나에 모든 이들의 시선이 집중되었다.

메릭에 대한 소문은 삽시간에 퍼졌고 메릭을 보기 위해 수많은 사람들이 서커스 공연장으로 몰려들었다.

서커스는 메릭 덕분에 호황을 맞았다. 그렇지만 메릭의 삶은 크게 달라지지 않았다. 여전히 사람들로부터 조롱을 받았다. 특히 서커스 단원들에게 온갖 학대를 받았다.

"이 멍청한 놈아! 이리 오란 말이야."

"그만 먹어! 이 짐승아! 보기 싫으니까 저리 꺼져!"

핍박과 조롱과 학대 속에서도 메릭은 사람들에 대한 미움과 원망을 품지 않았다. 힘들 때면 그는 가슴속에 품고 있던 사진 한 장을 바라보았다. 그 사진은 다름 아닌 새엄마의 사진이었다. 비록 자신을 버린 사람이지만 메릭은 그녀를 미워하지 않았다.

오히려 그의 가슴속에는 그리움이 더 많았다. 겉모습은 어쩌면 짐승이나 괴물과 흡사했지만 그의 마음은 순수한 영혼을 가진 인간, 그 자체였다.

서커스단에서 전전하던 스무 살 무렵, 그에게 빛과 같은 좋은 인연이 찾아왔다.

런던병원의 트리브스 의사였다.

"바이츠 씨, 제가 메릭을 데려가도 될까요?"

"그럴 순 없습니다. 메릭은 우리 서커스단에 없어서는 안 될 아주 귀한 물건입니다. 몸값이 아주 비쌉니다.”

“몸값이 얼마나 합니까?”

“으음. 여하튼 안 됩니다. 그 값을 감당할 수 없을 겁니다.”

“말씀해보세요. 제가 값을 치르겠소. 그러니 저에게 넘기세요.”

트리브스는 바이츠에게 거금을 지불하고 메릭을 병원으로 데려왔다. 트리브스는 메릭을 잘 보살폈다. 그리고 틈틈이 메릭의 기형 상태를 관찰하고 다양한 사례도 연구했다. 메릭에 관한 논문을 발표한 트리브스는 큰 명성을 얻게 되었다.

어느 정도의 시간이 지나자 메릭은 마음의 안정을 찾았다. 그에게 행복한 시간도 찾아왔다.

대부분의 사람들은 자신을 조롱과 혐오의 대상으로 혹은 연구 대상으로만 접근했는데 단 한 사람, 그를 인간으로 봐주는 사람을 만나게 된 것이다. 바로 트리브스 의사의 부인이었다.

“어머, 지금 뭐해요? 책 읽어요? 로미오와 줄리엣이네요.”

“어, 저건 또 뭐예요? 와, 멋진 그림이다. 이걸 직접 그렸어요?”

메릭은 고개를 끄덕였다. 멀쩡한 다른 손으로 그림을 그린 것이다.

“어머, 메릭! 놀라워요. 이건 세인트필립스 성당 종이모형이잖아요. 직접 만든 거예요?”

메릭은 쑥스러운 듯 머리를 긁적거렸다. 산다는 건 고통이라 생각했는데 부인을 만난 뒤로 메릭의 생각도 서서히 바뀌었다. 누구에게나 행복할 권리가 있다는 걸 깨닫게 된 것이다.

메릭의 장기입원으로 비용이 부담스러웠던 트리브스는 잡지에 후원금 모집 광고를 실었다.

의외로 많은 사람들이 그를 돕겠다고 나섰다. 그중에는 빅토리아 여왕도 있었다.

부유층의 부인들은 병원에 방문하기도 했다.

"메릭 씨, 만나서 반가워요. 예술적인 솜씨가 뛰어나다고 들었어요. 편히 쉬면서 많은 작품을 만들기 바랍니다."

"그래요. 우리는 메릭 씨 편입니다. 더 이상 악몽은 없을 거예요."

세상 사람들의 갑작스런 온정이 부담스럽고 난처하기도 했지만 메릭은 행복했다. 이 모습으로도 행복하게 살 수 있다는 희망을 갖게 되었다.

메릭은 거울 속 자신을 보며 마음으로 중얼거렸다.

'메릭, 이제 아무 문제없어. 더 이상은 불행하지 않을 거야.'

스물여덟 살이 되던 해, 그는 처음으로 아주 편안하게 누웠다. 기형적인 몸과 통증으로 인해 그동안 똑바로 눕지 못했는데 난생 처음 똑바로 누울 수 있었다. 영원히 죽은 것이다. 언젠가 사랑도 한 번 해보고 싶다던 그 순수한 영혼이 이제 영원히 잠든 것이다.

소녀는 책을 덮고 자리에서 일어났다. 그리고 다시 메릭을 만나러 작은 상점에 들렀다. 그 상점에는 메릭의 얼굴이 새겨진 티셔츠와 시계, 컵 등이 있었다.

밖에는 바람이 불고 있었다. 그 많은 바람들 중에서 한 점의 바람이 소녀의 뺨에 와 닿았다.

그리고 그 바람은 마치 소녀에게 이렇게 말하는 듯했다.

"나는 코끼리가 아니야. 나는 짐승이 아니야. 나는 괴물이 아니야. 이 세상에는 사랑을 받아야 하는 인간만 존재하는 거야."

이 땅의 모든 존재는
사랑 받을 자격이 있다

우리는 타인과의 관계에 많은 신경을 씁니다. 배려하고 양보하고 관심도 가져주며 애틋한 마음을 전합니다. 타인에게는 이토록 많은 정성과 시간을 투자하면서 정작 가장 아끼고 사랑해야 할 대상인 자기 자신에게는 소홀히 하는 경향이 있습니다. 소홀히 하는 것도 모자라 가혹한 말을 하거나 미워하는 등 자기비하를 일상처럼 합니다.

"내 주제에 무슨! 내가 뭐라고 이런 일을 하겠어!"

"난 아무런 쓸모도 없어!"

많은 사람들은 이렇게 스스로를 작고 추하고 무능하게 만들며 사랑 받을 자격이 없는 부정적인 자아상을 마음 한구석에 품고 살아갑니다.

그런데 정말로 당신은 사랑 받을 자격이 없는 걸까요?

부처는 이렇게 말했습니다.

"모든 우주에 존재하는 여느 사람들만큼이나 당신은 사랑과 관심을 받을 자격이 충분하다."

그렇습니다. 조금 못났으면 어떻습니까? 가난하고 무능력하면 어떻습니까? 낮은 위치에 있고 장애를 가지면 어떻습니까? 다 괜찮습니다. 이 땅에 소중한 생명을 갖고 태어난 이상 누구나 다 사랑 받을 자격이 있습니다. 그러니 스스로 부정적이고 회의적이고 형편없는 사람이라는 이미지를 만드는 일은 없어야 합니다. 나를 위하고 나를 존중하고 나를 충분히 대우해줘야 합니다. 그렇지 않고 어찌 남에게 사랑과 대우를 바랄 수 있겠습니까?

자신이 사랑 받을 자격이 있다고 스스로 믿어야 합니다. 당신에겐 아직 발휘되지 않는 재능과 가능성과 인간 본연의 존엄성이 있기 때문입니다.

당신 자체가 사랑입니다.

바람이 불고 꽃이 핀다
그래, 살아야겠다

05

한국의 스티븐 호킹, 이상묵

젊음과 생기가 넘치는 2008년 3월의 대학 캠퍼스, 간호사 한 명이 연구실로 들어왔다.

"교수님, 안녕하세요."

"아, 예. 이 간호사님, 어서 오세요."

"그동안 잘 지내셨어요? 벌써 2주가 지났네요. 시간 참 빠르죠?"

"예. 벌써 교정 담벼락에 개나리가 꽃망울을 터뜨렸어요. 곧 벚꽃도 피고 아카시아도 피겠죠."

"이 학교 벚꽃 피면 참으로 아름답던데. 특히 가로등에 비친 벚꽃은 정말로 환상적이더라고요."

"이 간호사님, 그때 꼭 남편분이랑 오세요. 제가 근사한 저녁 대접할게요."

"감사합니다."

서로 인사를 건넨 후, 간호사는 가방에서 기다란 줄 하나를 꺼냈다. 소변줄이었다. 간호사는 2주에 한 번씩 연구실로 찾아와 그의 소변줄을 갈아준다. 그는 목 아래로 전혀 움직일 수 없었다. 그래서 소변줄 착용은 불가피한 조치였다.

간호사의 능숙한 솜씨로 처치는 금세 끝났다.

"잘 됐죠?"

"예. 아주 잘 됐습니다. 혹시나 불편하시면 도중이라도 연락주세요."

"예. 수고 많으셨습니다."

"교수님, 그럼 2주 후에 또 뵙겠습니다."

오전 시간이 빠르게 흘러갔다.

"교수님, 식사하시고 이제 강의실 가셔야죠."

그는 누군가의 도움 없이는 한 발자국도 움직이지 못한다. 대소변은 물론이고 숟가락도 들 수가 없다. 어쩔 수 없이 매 끼니마다 도움을 받아야만 했다.

보조원이 숟가락을 입 가까이 가져가자 그는 입을 크게 벌려 밥을 받아먹었다.

오늘은 특별한 날이다. 사고가 난 뒤, 첫 강의가 있는 날이다. 두 번 다시는 강의실에서 학생들을 만날 수 없을 거라 생각했는데 이렇게 다시 강의실에 서게 되었다. 주변의 도움이 없었다면 불가능한 일이었다. 너무 긴장한 탓에 밥맛이 없었다.

"그만 드시게요?"

"예. 밥이 어디로 들어가는지도 모르겠네요."

보조원이 건넨 물을 마셨다. 스피커에서 수업 시작을 알리는 음악이 울려 퍼졌다.

"자, 가시죠. 교수님."

보조원와 함께 그는 강의실로 향했다. 그는 마음속으로 주문을 외우듯 중얼거렸다.

'잘할 수 있을 거야. 잘할 수 있어. 더 당당해야 해.'

강의실 문이 열리는 순간, 그의 머릿속에서는 지난날의 뼈아픈 기억들이 섬광처럼 스쳐 지나갔다.

2006년 여름, 그는 석박사 과정 학생들과 미국 캘리포니아 공과대학 학생들과 함께 캘리포니아 지역의 사막으로 지질조사를 갔다. 사막 한가운데에서 야영을 하며 탐사와 연구를 했다.

"교수님, 그런데 멀리 보이는 저 불빛은 뭐예요?"

한 학생이 밤하늘에 반짝거리는 불빛을 가리키며 물었다.

"어, 이 지역에 있는 유일한 메디컬센터야. 너 어디 아픈 곳은 없지?"

"예. 저는 끄떡없어요. 교수님은 어떠세요?"

"나도 물론이지. 여하튼 참 좋다. 강단에서 너희들을 가르치는 것도 좋지만 때론 이렇게 현장에서 일하고 밤하늘을 보면서 자는 것도 좋지."

탐사는 며칠 동안 계속되었고 거의 막바지에 이르렀다.

"거의 다 마무리 되었으니 이제 이 사막만 지나가면 되겠다."

"예. 교수님, 고생 많으셨습니다."

"고생은 무슨."

"그나저나 교수님, 저곳이 어딘 줄 아세요? 일명 '죽음의 계곡'이라는 곳이래요."

"죽음? 왜 그런 이름을 붙였지? 내가 보기엔 아름다운 풍경인데."

일행이 탄 차는 '죽음의 계곡'을 향해 달렸다. 그런데 바로 그 길 위에서 끔찍한 사고가 나고 말았다. 비포장도로를 달리던 그의 차가 전복된 것이다. 차의 지붕이 그의 목과 척추를 짓눌렀다. 그리고 그 사고는 그의 삶을 송두리째 앗아갔다.

"으윽……. 얘들아, 다친 곳 없니?"

그 말을 마지막으로 그는 정신을 잃고 말았다. 한 학생이 황급히 달려와 그를 살리기 위해 심폐소생술을 했다. 40여 분간의 사투 끝에 그는 생사의 갈림길에서 살아날 수 있었다. 심장이 다시 뛴 것이다.

이어 헬리콥터가 왔고 그는 어제 제자와 이야기한 그 메디컬센터의 옥상으로 옮겨졌다. 그는 각종 정밀검사를 받았고 수술대에 올랐다.

수술 후, 가까스로 의식이 돌아왔고 중환자실로 옮겨졌다. 그가 눈썹을 부르르 떨며 눈을 떴다.

"이곳이 어디지?"

"교수님, 병원이에요."

“병원? 내가 왜 여기……. 아, 그래. 내 차가 뒤집혔지. 미국 땅에서 이게 무슨 난리냐. 그래도 내가 이렇게 살아나다니. 이제 집에 가야겠다. 어서 가자.”

“교수님, 누워 계세요. 지금 교수님, 아주 많이 아프세요.”

“내가? 그게 무슨 소리야? 난 지금 하나도 안 아픈데……. 멀쩡해. 아무런 통증이 없어. 어서 가자.”

순간, 침묵이 흘렀다. 학생들은 엄청난 사실을 차마 그에게 말하지 못했다. 한 학생이 울음을 터뜨리자 그 울음이 순식간에 옆으로 번졌다. 병실 안은 울음바다가 되었다.

“흐흑…… 흑. 교수님.”

그는 사지가 마비된 상태였다. 사지가 마비돼 아픔을 느끼지 못한 것이다.

“어, 내 다리, 내 팔. 왜 안 움직이지? 왜 이러지…….”

자신의 몸 상태를 알아차린 그는 혼절하고 말았다. 한참 동안 그는 깨어나지 않았다. 아니, 차라리 이대로 죽는 게 낫다는 생각에 눈 뜨기를 거부했는지 모른다.

좀 더 큰 병원으로 옮겨 정밀검사를 받았지만 그곳에서도 역시 전신마비 장애 진단을 받았다.

죽음의 문턱에서 살아났지만 앞으로 살아갈 날을 생각하니 앞이 깜깜했다. 인생이 허망했다. 숨을 쉬고 산다는 것 자체가 고통스러웠다. 주위에서는 희망을 잃지 말라고 말했지만 그 어떤 말도 위로가 되지 않았다.

그에게 더더욱 절망적인 소식이 들려왔다.

사고가 난 지 몇 개월 후, 어느 날 밤 아버지가 찾아왔다. 그날따라 아버지의 표정이 어두웠다.

"아버지, 왜 그러세요? 무슨 일 있으세요?"

아버지는 마른 입술에 침을 바르며 안절부절못했다.

"왜 그러세요? 저에게 무슨 하실 말씀 있으세요?"

아버지는 짧은 한숨을 내쉬며 입을 열었다.

"이제 말을 해야겠구나. 네가 놀라겠지만 더 이상 미룰 수가 없구나. 네 제자가 죽었다."

"제자가 죽다니요? 그게 무슨 소리예요?"

"네 차에 함께 탔던 제자들 중에 여학생 한 명이 그날 죽었단다."

"예? 그, 그게 정말이예요? 저한테 다 무사하다고 했잖아요."

"그건 네가 충격을 받을까 봐……."

그는 사지가 마비된 것보다 더 큰 고통을 느꼈다. 나 혼자 다쳐서 천만다행이라고 생각했는데 그게 아니었다.

"이럴 순 없어! 어떻게 이럴 수가 있어! 흐흑……."

이대로 시간이 멈췄으면 좋겠다 싶었다. 그는 눈물을 뚝뚝 흘리며 흐느꼈다.

"아버지, 어떻게 해요. 이 일을 어떻게 해요……. 그 어린 학생이 무슨 죄가 있다고…… 차라리 저를 데려가지."

"상묵아, 안타깝지만 어쩔 수 없는 상황이었다. 마음 추스려라. 네가 할 수 있는 일은 그 아이 몫까지 열심히 사는 거다."

고통과 절망의 시간은 계속되었다. 아침에 눈을 뜨는 게 무의미했다. 그 제자만 생각하면 가슴이 찢어지듯 아팠다. 차라리 그때 자신도 제자와 함께 죽었으면 더 나았을 거라는 생각까지 들었다. 앞으로 어떻게 살아야 할지 암담했다. 아니, 이대로 사는 것이 과연 옳은 일인지 의구심마저 들었다.

고통과 시련의 터널 속에서 그래도 그는 희망의 빛을 선택했다.

"그래, 언제까지 바보처럼 울고만 있을 수는 없어. 먼저 하늘나라로 간 제자도 이런 내 모습을 원치 않을 거야. 나를 격려하는 사람들에게도 이건 예의가 아니지. 세상 밖으로 나가야 해."

그는 다시 강단에 서겠다고 다짐했다.

"반드시 학생들 앞에 설 거야. 그래, 그게 원래 내 모습이었어."

그는 재활전문병원에서 컴퓨터와 최첨단 장비를 통해 삶의 의지를 불태웠다. 눈과 입으로 컴퓨터 작동법을 배웠다. 강의에 필요한 자료를 다시 모으기 시작했고, 그동안의 경험을 토대로 강의내용도 새롭게 정리를 했다. 오랜 준비 끝에 마침내 그는 다시 강의실에 설 수 있었다.

그는 강의실 안으로 들어갔다. 기분이 참 묘했다. 강의실이 익숙하기도 하고 낯설기도 했다. 그는 재빨리 학생들의 표정을 훑어봤다. 학생들의 표정은 두 가지였다. 놀라움과 당혹함.

그의 몸은 휠체어에 벨트로 고정돼 있었고 팔과 다리 역시 끈으로 묶인 채였다. 그가 움직일 수 있는 건 오직 머리뿐이었다. 그의 머리에는 최첨단 장비가 장착되어 있었다. 그건 눈과 입으로 컴퓨터를 작동할 수 있는 기계였다.

"저게 다 뭐지? 저런 몸으로 강의가 가능할까?"

"교수님도 참 대단하시다. 정말로 감동적이야."

학생들이 웅성거리는 가운데 그는 드디어 입을 열었다.

"이런 모습으로 여러분 앞에 서게 된 걸 미안하게 생각합니다. 그렇지만 제 몸이 불편하다고 해서 수업에 지장을 주고 싶지 않았습니다. 그러니 믿고 따라와 주길 바랍니다."

그는 여느 때보다 더 열정적으로 강의했다. 그는 강연 중간 중간에 필요한 자료나 사진 등을 컴퓨터 화면에 띄웠다. 손을 자유자재로 사용할 수 없으니 '입김으로 작동하는 마우스'를 사용했다. 입김으로 마우스의 끝을 불면 '오른쪽 클릭'이 작동되고 빨면 '왼쪽 클릭', 그리고 두 번 빨면 '더블 클릭'이 된다.

입만으로 파일을 열어 자료나 사진을 화면에 띄웠다. 또한 그가 말한 내용은 '음성인식장치'를 통해 컴퓨터 화면에 글로 작성이

되었다. 이렇게 최첨단 장비를 이용해 그는 무사히 첫 강의를 마칠
수 있었다.

그 후 그는 강의를 계속 이어나갔다. 아울러 새로운 도전도 시
도했다. 호흡 곤란으로 한때 사경을 헤매기도 했던 그였지만, 중대
한 도전을 결심했다. 미국 횡단을 하기로 한 것이다. 그의 미국 횡
단 계획이 알려지자 주위 사람들은 급구 말렸다.

"교수님, 이 몸으로는 무리입니다. 이제 겨우 몸과 마음을 추슬
렀는데 괜한 일을 하시는 거 아닙니까?"

"무리라는 걸 잘 압니다. 그래도 옳다고 생각한 건 지금 바로 해
야 합니다. 지금이 아니면 다음은 없습니다. 그리고 이번 도전은
다른 의미도 있습니다. 바로 몇 해 전에 유명을 달리한 제자를 추
모하기 위해서입니다. 전 해낼 것입니다. 이번에 성공을 하면 다음
번에는 인도양 탐사도 도전할 겁니다."

그의 의지를 그 누구도 꺾을 수 없었다. 결국 그는 미국으로 향
했다.

최악의 상황이었지만 다시 일어나겠다는 강한 목표의식으로
다시 제자리로 돌아온 그, 살아 움직이는 그 자체만으로도 많은 이
들에게 희망이 되어주는 그, 그가 바로 '한국의 스티븐 호킹'이라
불리는 이상묵 교수다.

절망은 봄을 불러들이기 위해
지나가는 겨울일 뿐이다

1975년 뇌 과학자들은 통증을 완화시켜주는 모르핀보다 100배 정도 강력한 진통제 역할을 하는 것이 뇌 속에 존재함을 발견해냈습니다. 그건 바로 엔도르핀Endorphine입니다. 그렇다면 엔도르핀은 언제 분비될까요? 긍정적인 기대, 즉 희망을 믿을 때 많은 양이 분비된다고 합니다.

뜻하지 않은 사고나 역경이 찾아오면 누구나 절망의 늪에 빠지고 맙니다. 그러나 다행스러운 건 절망은 절대로 혼자 오지 않는다는 겁니다. 절망은 혼자 오지 않고 늘 옆구리에 희망이란 놈을 달고 옵니다.

희망을 믿는다는 것, 희망을 놓지 않는다는 것, 그건 절망을 극복하기 위한 전제조건이며 새로운 삶을 향한 기대감입니다.

절대 절망이란 없습니다. 물론 그날의 아픔과 상처는 쉽게 사라지지 않습니다. 어쩌면 가슴 한복판에 못 자국이 영원히 남아 있을지도 모릅니다. 하지만 분명 그 못 자국도 희망 앞에서는 결국 희미해집니다.

절대 멈춰선 안 됩니다. 주저앉으면 안 됩니다.

자신에게 주어진 삶에 최선을 다해야 합니다. 삶은 살아가야 하는 것이고 묵묵히 걸어가야 하는 것입니다.

훗날, 당신은 분명 알게 될 것입니다. 절망은 그저 흘러가는 구름이었음을, 봄을 불러들이기 위한 지나가는 겨울이었음을, 아픔과 상처도 인생의 일부분이라는 것을…….

이 세상에서
나만큼 부자인 사람은 없을 거야

중국을 울음바다로 만든 걸상 엄마, 에이화

“에이화, 나랑 잡기놀이 할래?”

“알았어. 멀리 도망가. 넌 나보다 달리기가 느리잖아.”

“무슨 소리야? 이제 나도 달리기 빨라.”

“어림없는 소리! 넌 곧 잡힐 거야. 내가 얼마나 빠른데.”

“그럼 한번 해볼까? 메롱. 나 잡아봐라.”

친구가 혀를 내밀며 약 올렸다. 그러더니 달리기 시작했다. 에이화는 하나, 둘, 셋, 넷, 다섯을 센 후 이내 달리기 시작했다. 에이화와 친구 사이에 본격적인 추격전이 시작된 것이다.

친구는 힐끔힐끔 뒤를 돌아보며 앞을 향해 달렸다. 그러나 달리는 게 영 시원찮았다. 에이화는 빠른 발로 친구의 등까지 바짝 따라왔다. 손만 뻗으면 잡을 수 있는 거리였지만 일부러 잡지 않았다. 친구는 거친 숨을 내쉬며 달리기를 멈췄다.

친구는 숨을 몰아쉬며 말했다.

“에이화, 너는 어쩜 그렇게 빠르니?”

“그걸 몰라서 물어? 이 튼튼한 두 다리 때문이잖아. 이 두 다리.”

에이화는 두 다리 쪽으로 손을 뻗었다. 그런데 이상하게 두 다리가 잡히지 않았다. 깜짝 놀란 에이화는 두 눈을 번쩍 떴다. 꿈이었다.

에이화는 한숨을 내쉬며 힘없는 말투로 중얼거렸다.

“에이, 꿈이잖아.”

꿈이긴 해도 튼튼한 두 다리가 있어 너무나 행복했다. 그러나 현실에서는 그 행복이 없다. 에이화에겐 두 다리가 없기 때문이다.

그녀는 몇 해 전에 사고를 당해 두 다리를 잃었다.

다리 없는 삶, 그건 고통이었다. 하루아침에 있던 것이 사라졌을 때의 그 충격은 감히 감당할 수 없을 정도였다. 차라리 죽는 게 낫다고 생각했다. 그러나 세상은 그것마저 허락하지 않았다.

다리를 잃은 후, 절망적인 세월을 보내다 열일곱 살 때 지역사회 복지시설인 사회복지원에 들어갔다. 두 다리 없이 혼자서 할 수 있는 일이란 아무것도 없었기 때문에 사람들의 도움이 필요했다.

"에이화, 밥 먹자."

"싫어요."

"에이화, 그러면 안 돼. 넌 단지 두 다리만 없을 뿐인 거야."

"단지 두 다리요? 지금 그걸 말이라고 하세요? 전 이제 끝났어요. 죽는 일만 남았다고요!"

"그렇지 않아. 넌 뭐든지 할 수 있어. 두 다리는 사라졌지만 분명 두 다리를 대신할 수 있는 게 있을 거야. 그러니 절대로 좌절해선 안 돼. 마음을 강하게 먹어."

원장은 하루에도 몇 번씩 응원과 위로의 말을 에이화에게 건넸다. 그렇지만 그 어떤 말도 에이화의 마음을 어루만질 수 없었다. 이미 에이화의 마음에는 절망의 그림자로 가득 차 있었다. 그러나 절망도 희망 앞에서 결국 힘을 잃고 말았다.

어느 날이었다. 에이화는 복지원 한구석에서 한 아이를 보게 되었다. 그 아이 역시 자신처럼 몸이 불편한 아이였다. 더군다나 태어나자마자 부모에게 버림을 받아 이곳에 온 아이였다. 그 아이는 벽을 붙잡고 스스로 일어나려고 애썼다. 넘어졌지만 포기하지 않았다. 다시 한 번, 또 다시 한 번, 그렇게 수차례 도전을 했다. 마침내 그 아이는 스스로 일어날 수 있었다.

그 작은 아이의 강한 집념과 의지에 찬 모습을 보고 에이화의 마음에 변화가 생겼다.

"그래, 언제까지 바보처럼 절망에 빠져 살 순 없지. 분명 나도 할 수 있을 거야. 나도 누군가에게 소중한 존재가 될 수 있을 거야."

에이화는 일단 모든 것을 혼자의 힘으로 하고자 노력했다. 밥도 스스로 먹고 두 다리가 없지만 걷는 것도 시도해보았다.

'어떻게 걸을 수 있을까? 아, 그래. 걸상을 이용하자.'

에이화는 작은 걸상 두 개를 다리로 이용하기로 했다. 걸상 두 개 위에 몸을 올리고 한 걸음 걸을 때마다 두 손으로 걸상을 들어 옮겼다. 생각처럼 쉽진 않았다. 중심을 잃고 넘어지기 일쑤였고 팔의 힘도 약해 걸상을 옮기기에는 힘에 부쳤다. 그러나 포기하지 않았다. 노력해서 안 되는 게 없지 않던가.

걸상 걷기를 매일매일 반복해서 연습했다. 그리고 마침내 걸상이 두 다리를 대신할 수 있게 되었다. 평지는 물론 계단도 오를 수 있게 되었다. 그리고 걸상 위에 있다 보니 자연스럽게 아이들과 눈을 마주칠 수도 있었다.

에이화는 활짝 미소 지으며 원장에게 말했다.

"원장님, 저 이제 혼자서도 웬만한 일은 다 할 수 있어요. 그래서 말인데요. 오늘부터 아이들을 돌보면 어떨까요? 제가 저 아이들의 엄마가 되고 싶어요."

"그 몸으로 할 수 있겠어?"

"물론이죠. 이제 저는 완벽해요. 걸상 다리가 있잖아요."

"그래, 좋아. 그렇게 하렴. 이제부터 이 아이들의 엄마는 바로 너다. 잘 돌보고 훌륭하게 키우렴. 알았지?"

"와, 좋아요. 정말로 열심히 할 거예요."

그렇게 에이화는 복지원 아이들의 엄마가 되었다.

에이화는 아이들에게 다가가 먼저 인사를 하고 따뜻하게 안아 줬다. 더러 몇몇 아이들은 두 다리 없는 에이화를 무서워하며 뒤로 물러나 울음보를 터트리기도 했다. 또 어떤 아이들은 다리 없는 병신이라고 놀리기도 했다.

'그래, 지금은 내가 낯설 거야. 그렇지만 진심은 언젠가는 통하게 될 거야.'

에이화는 활짝 웃으며 걸상 걸음으로 아이들에게 다가갔다. 자기를 싫어하는 아이에게는 더더욱 적극적으로 애정을 표시했다. 에이화는 진심을 다해 다가갔지만 아이들은 여전히 마음의 문을 열지 않았다.

어느 봄날이었다. 학교에서 돌아올 시간이 한참 지났는데 아이들이 돌아오지 않았다. 에이화는 애가 탔다. 혹시 오는 길에 교통사고가 난 건 아닌지, 나쁜 아저씨들에게 봉변을 당한 건 아닌지, 길을 잃은 건 아닌지…… 걱정이 이만저만이 아니었다.

"안 되겠다. 내가 나가봐야지."

에이화는 불편한 몸을 이끌고 복지관 밖으로 나갔다. 목을 빼고 쳐다봐도 아이들이 보이지 않았다. 걱정하는 마음으로 한 걸음, 한 걸음 걷다 보니 마을 어귀까지 나오게 되었다.

동네 어귀에서 한참을 기다려도 아이들은 나타나지 않았다. 그런데 길가에 서너 명의 아이들이 나타났다. 그 아이들은 복지관 아이들이 아니라 동네에 사는 아이들이었다.

아이들은 에이화를 보고 그냥 지나치지 않았다. 호기심 가득한 눈으로 쳐다보더니 자기네들끼리 키득거렸다.

"얘들아, 여기 좀 봐. 병신이야. 완전 괴물이야."

"어우, 징그러. 우리 한 번 만져볼까?"

에이화는 빙그레 웃으며 아이들에게 말했다.

"이리 와. 만져봐. 괜찮아."

한 아이가 조심조심 다가오더니 에이화를 툭 밀었다. 에이화는 힘없이 쓰러지고 말았다. 아이들은 깔깔거리며 웃었다. 에이화는 화가 났지만 그래도 참았다. 저 나이 때는 호기심도 많고 장난기도 많아 그러는 거라 이해했다. 그런데 장난의 정도가 점점 심해졌다. 다른 아이가 막대기로 에이화는 등짝을 때리는 것이었다.

에이화도 더 이상은 참을 수 없었다.

"너희들, 어른한테 이게 무슨 짓이야!"

아이들은 가슴을 부풀리며 거만한 표정으로 말했다.

"어른은 무슨 어른. 나보다 키가 작잖아. 다리도 없는 병신이잖아."

아이들은 에이화를 둘러싸며 계속해서 놀려댔다.

그때, 어디선가 한 무더기의 아이들이 나타났다. 바로 복지관 아이들이었다.

"너희들 저리 안 비켜!"

동네 아이들은 눈망울을 사납게 굴리며 말했다.

"뭔데? 너희들이 무슨 상관이야?"

복지관 아이들 중 한 아이가 한 걸음 앞으로 나오며 말했다.

"무슨 상관이냐고? 당연히 상관이 있지. 저 분이 바로 내 엄마야. 내 엄마라고."

다른 아이도 한 걸음 앞으로 나오며 말했다.

"그래, 저 분은 내 엄마이기도 해."

또 다른 아이도 한 걸음 앞으로 나오며 말했다.

"내 엄마야."

뒤에 있던 아이들도 하나둘 우르르 앞으로 나오며 말했다.

"내 엄마야."

"우리 엄마야."

"사랑하는 우리 엄마야."

엄마라는 그 말을 듣고 에이화는 눈물이 핑 돌았다. 그동안 아이들이 자신의 진심을 몰라줘 내내 서운한 마음을 갖고 있었는데 오히려 그런 마음을 가진 게 부끄러웠다. 에이화는 눈물을 글썽이며 아이들에게 말했다.

"정말로 고맙다. 내 아이들. 엄마가 더 잘해줄게."

아이들은 에이화에게 우르르 몰려왔다. 에이화는 아이들을 안아줬다.

아이들 중 덩치가 가장 큰 아이가 에이화를 향해 씨익 웃으며 말했다.

"엄마, 제가 업어드릴게요. 제 등에 업히세요."

"정말? 그래도 되겠니?"

"당연하죠. 제 엄마잖아요."

아이의 등에 업혀 복지관으로 돌아오는 길 내내, 에이화는 기쁨의 눈물을, 행복의 눈물을 흘렸다. 정말로 행복한 순간이었다. 아이의 등짝은 에이화의 눈물로 흠뻑 젖었다.

세월이 흘러 어느덧 그녀의 나이는 50대 중반이 되었다. 그녀가 복지원에 발을 담근 후, 지금까지 100명의 아이를 키워 사회로 내보냈다.

한번은 이런 일이 있었다. 한 아이가 선천성 설사와 복통으로 매일 고통의 나날을 보내고 있었다. 아이의 고통이 점점 심해지자, 결국 병원에 입원하게 되었다.

아이를 간호할 사람이 없어 원장은 난감해했다.

"원장님, 제가 돌볼게요. 이 몸으로 어떻게 할 거냐는 소리는 마세요. 엄마는 강하잖아요."

그렇게 에이화는 병원에서 함께 생활하면서 아이의 병수발을 들었다. 무려 107일 동안 정성으로 돌봤다. 사랑의 힘으로 아이는 완치될 수 있었다.

또 한 아이는 기형적인 입술로 인해 식사하는 데 곤란을 겪었다. 에이화는 어미새가 아기새에게 먹이를 주듯 아이를 안은 채 밥을 떠먹여 줬다. 물과 우유는 주사기로 먹였다. 그리고 아이들의 빨래며 공부며 방청소까지 그녀가 모든 걸 도맡아했다. 힘든 나날이었지만 그래도 마음만은 행복했다.

'그래, 너희 때문에 행복하구나. 어서어서 자라서 훌륭한 사람이 되렴.'

어느 날, 복지원에 말끔하게 양복을 차려 있는 남자가 방문했다. 남자는 에이화를 보자마자 활짝 웃으며 그녀의 품안으로 달려들었다.

"엄마!"

"어서 와라. 내 아들. 이게 얼마만이니? 그동안 어떻게 지냈어?"

"입술 수술을 몇 차례 받았어요. 그리고 지금은 대기업에 취직했고요. 저 결혼도 했어요."

"그래? 아주 잘했구나. 잘했어."

"다 엄마 덕분이에요."

에이화는 남자의 등을 토닥거리며 흐뭇한 표정을 지었다. 어느새 남자의 뺨에 한 줄기의 눈물이 주르르 흐르고 있었다.

불편한 몸인데도 37년간 아이들을 보살핀 그녀, 그녀가 바로 중국인들의 가슴에 뜨거운 감동을 전해준 '걸상 엄마', 에이화다.

당신이 어느 곳에 있든 그곳이
바로 당신이 있어야 할 곳이다

가난한 사람들의 어머니인 마더 테레사는 이렇게 말합니다.

"신이 당신을 어느 곳에 데려다 놓든 그곳이 바로 당신이 있어야 할 곳입니다. 중요한 것은 우리가 무엇을 하느냐가 아니라 그 일에 얼마나 많은 사랑을 쏟고 있느냐입니다. 신의 연필, 그것이 바로 나입니다. 신은 작은 몽당연필로 좋아하는 것을 그리십니다. 신은 우리가 아무리 불완전한 도구일지라도 그것으로 너무나 아름다운 그림을 그리십니다. 우리가 할 수 있는 건 오직 작은 실천입니다. 작은 사랑이 이 세상을 아름답게 만듭니다."

테레사 수녀의 말씀처럼 자신의 상황이 아무리 불리하고 악조건일지라도 그것을 받아들이고 그 안에서 사랑을 베풀 수 있는 무언가를 찾는 것이 진정한 아름다움이고 인간의 몫일 것입니다.

선행善行은 말 그대로 착한 행동입니다. 행동 그 자체에 의미가 있는 것이지 보상을 구하는 건 비즈니스입니다. 보상을 구하지 않는 선행이야말로 남을 행복하게 할 뿐만 아니라 우리 자신도 행복해집니다. 베풀되 베푼다는 생각조차 하지 말라는 불경 말씀처럼 행해야 합니다.

누군가에게 조건 없는 사랑을 베푼다는 것, 분명 그건 쉬운 일이 아닙니다. 더군다나 내 스스로 온전한 삶이 아니라 부족하고 장애가 있다면 더더욱 사랑을 베푸는 게 힘들 것입니다. 그러나 놀랍게도 우리 주위에는 덜 가진 자, 더 부족한 자, 더 아픈 자가 더 많은 사랑을 베풀고 있습니다. 그들은 자신들의 선행을 희생으로 생각하지 않습니다. 또한 자랑하기 위해 떠들어대지도 않습니다. 사랑을 통해 자신의 삶에 의미를 찾고 인생의 활력을 찾고, 더 많은 사람에게 도움을 주며 행복을 느끼고 있습니다.

혼자서는 세상을 아름답게 색칠할 순 없지만 나의 작은 시작은 언젠가는 온 세상을 아름다움으로 물들일 것입니다. 당신의 손길, 당신의 미소, 당신의 다정한 말투를 기다리는 이가 분명 있을 것입니다. 그곳이 바로 당신이 서 있을 자리입니다. 그리고 이제 당신이 행동할 차례입니다.

나는 오늘도 멈추지 않고 벨을 누를 것입니다

07

낙관성으로 뇌성마비의 한계를 이겨낸 영업왕, 빌 포터

“우리 회사를 지금 뭐로 보고 여길 온 겁니까. 당신 같은 사람은 필요 없으니까 어서 나가주세요!”

“저, 저에게 기회를 주십시오.”

면접관은 짜증스런 표정으로 톡 쏘았다.

“말도 제대로 못하는데 기회는 무슨 기회입니까! 어서 나가요!”

빌은 얼굴 근육을 힘겹게 움직이며 다시 한 번 호소했다.

“제, 제발요. 저에게 기회를……”

빌을 마치 벌레 보듯 쳐다보던 면접관이 연방 혀를 차더니 직원들에게 지시했다.

“다들 뭐하고 있어. 어서 저 사람 끌어내!”

면접관의 지시가 떨어지자 남자 직원 서너 명이 순식간에 다가와 빌의 팔이며 허리를 힘껏 붙들었다.

“어서 나가주세요. 어서요.”

직원들은 빌을 밖으로 끌어냈다. 빌은 끌려가지 않으려고 몸을 흔들고 발버둥 치며 저항했지만 혼자의 힘으로는 감당할 수 없었다.

빌은 끌려가며 큰소리로 외쳤다.

“이, 이런 법이 어디 있어요! 나, 나도 할 수 이, 있단 말이에요!”

회사 밖으로 쫓겨나온 빌은 깊은 한숨을 내쉬었다. 이미 눈가는 촉촉이 젖어 있었다. 그때 조금 떨어진 곳에서 빌을 지켜보던 중년 여성이 다가와 빌을 따뜻하게 안아줬다. 빌의 엄마였다.

"빌, 괜찮아. 다음에 또 도전하면 되지. 안 그래?"

빌은 훌쩍거리며 고개를 끄덕였다.

1932년 빌은 태어날 당시 의사들이 사용한 겸자로 인해 뇌 손상을 입었다. 뜻하지 않는 사고로 인해 뇌가 크게 손상이 되었고 결국 중증 뇌성마비를 앓게 되었다. 다른 아이들이 아장아장 걷고 "엄마, 엄마" 부르며 귀여움을 떨 때 빌은 달랐다. 걷는 것도 불편했고 말도 느리고 발음 또한 어눌했다. 몸은 자신의 의지와 상관없이 뒤틀렸다. 그러나 다행히도 빌은 낙천적인 성격이었다.

'그래, 난 괜찮아. 앞으로 더 좋아지진 않겠지만 그래도 더 나빠질 것도 없잖아. 이대로 살면 되지 뭐. 이건 아무것도 아니야. 중요한 건 마음이야.'

며칠 후, 빌은 또 다른 회사를 방문했다. 때마침 그 회사의 사장을 만날 수 있었다.

"무슨 일로 오셨습니까?"

"아, 안녕하세요. 저, 저는 빌 포터입니다. 여, 영업사원을 뽑는다는 공고를 보고 왔습니다. 이 회사에 다니고 싶습니다."

사장은 빌을 위아래로 살펴보더니 고개를 내저었다.

"영업은 아무나 하는 게 아닙니다. 더군다나 제가 보기에 당신은 몸도 불편하고 말도 어눌한데 어떻게 고객을 설득할 수 있겠습니까? 지금 약속이 있어서 나가봐야 합니다. 그럼……."

오늘도 빌의 마음은 어두운 하늘에서 종일 비가 내리는 그런 기분이었다. 그래도 희망만은 놓지 않았다.

'그래, 비가 개면 무지개가 뜰 거야.'

다음 날, 빌은 어제 찾아갔던 회사를 다시 찾아갔다. 이 날도 역시 사장에게 거절당했다. 그 다음 날도 그리고 또 다음 날에도 그 회사를 계속 찾아갔다.

빌의 계속되는 구애에 사장의 마음도 조금씩 열리기 시작했다.

"빌 포터 씨, 당신 참 대단합니다. 두어 번 거절하면 대개 안 오는데 당신은 여러 번 거절했는데도 끈질기게 찾아오는군요."

"저, 저에게 기회를 주세요. 다른 여, 영업사원들이 꺼려하는 지역이라도 상관없습니다."

결국 빌은 다양한 생활용품들을 취급하는 왓킨스사에 취직을 하게 되었다.

"띠리리링. 띠리리링."

매일 새벽 4시에 알람시계가 울렸다. 양복을 곱게 차려 입은 빌은 묵직한 가방을 왼손에 들고 밖으로 나갔다. 일찍 나섰는데도 빌은 서둘러야 했다. 담당구역까지 가는 데만 3시간이 걸리기 때문이다. 오른손을 뒤로 감춘 채 뒤뚱뒤뚱 걸었다. 비가 오나 눈이 오나 빌은 날마다 15킬로미터를 걸었다.

빌은 고객의 집 앞에서 벨을 눌렀다. 이번 고객은 과연 어떤 사람일지, 나를 보고 어떤 반응을 보일지 가슴이 설레고 떨렸다. 두렵기도 했지만 그래도 반드시 성공할 거라는 기대감을 품었다.

"누구세요?"

"저, 저는 왓킨스사에서 나온 영업사원 비, 빌 포터입니다."

빌의 일그러진 얼굴과 불편한 몸을 보고 여자는 기겁을 했다.

"당신, 뭐야!"

여자는 문을 쾅 닫았다. 거절과 멸시에 이골이 났던 터라 빌은 덤덤했다.

이번에는 옆집 벨을 눌렀다.

"저, 저는 왓킨스사에서 나온 여, 여, 영업사원 빌 포터입니다. 각종 생활용품이 다 이, 있습니다."

험상궂게 생긴 남자가 빌을 위아래로 훑더니 버럭 화를 내며 밀쳤다.

"당신이 뭔데 낮잠을 방해하는 거야! 말도 제대로 못하는 게 무슨 영업을 한다고. 저리 꺼져!"

남자가 밀치는 바람에 빌은 힘없이 뒤로 나자빠졌다. 양복은 흙이 묻어 엉망이 되었고 가방 안에 있던 제품들이 다 쏟아져 난장판이 되었다. 빌은 제품을 하나하나 가방에 주워담았다.

애써 태연한 척했지만 터져 나오는 눈물을 막을 재간이 없었다.

점심시간, 나무의자에 앉아 도시락을 열었다. 샌드위치를 보자마자 빌의 얼굴이 환해졌다. 샌드위치 앞면에는 '인내하라', 뒷면에는 '끝까지 인내하라'라고 적혀 있었다. 어머니의 사랑에 힘을 얻은 빌은 다시 왼손을 힘껏 쥐었다.

비가 오던 어느 날, 왼손으로는 가방을 들어야 하고 오른손은 불편해 우산을 들 수가 없었다. 그저 비를 흠뻑 맞을 수밖에 없었다.

빌은 벨을 눌렀다.

"저, 저는 왓킨스사에서 나온 빌……."

주인 여자는 여느 때와 달리 반갑게 맞이해줬다. 빌이 하루가 멀다 하고 찾아오니 이제는 낯설지 않고 가족처럼 느껴진 것이다.

"알아요. 빌 포터잖아요. 비를 흠뻑 맞았네요. 안으로 들어오세요."

"가, 감사합니다. 우리 회사 제, 제품은……."

"알아요. 설명도 수도 없이 들었잖아요. 주문할게요. 이거 열 개랑 저거 다섯 개 주세요."

"저, 저, 정말입니까? 가, 감사합니다!"

그러던 어느 날, 자동차로 매일 마중 나오던 어머니가 보이지 않았다. 몇 시간을 기다리다가 결국 빌은 걸어서 집으로 돌아왔다.

"어, 어머니. 오늘 왜 아, 안 나오셨어요."

"그게 무슨 소리니? 내가 나가기로 했니?"

"매, 매일 나오셨잖아요."

"매일? 내가 매일 나갔다고? 난 그런 적 없는데."

어머니의 기억이 점점 사라지고 있었다. 어머니는 빌의 손을 꼭 잡았다.

"빌, 엄마 말 잘 들으렴. 언제까지 엄마가 너와 함께 할 수는 없단다. 무슨 말이냐면 너도 이제 홀로서야 한다는 거야. 홀로서기 위해서는 스스로 경제적 능력을 갖춰야 한단다. 지금도 무척 잘하고 있지만 앞으로는 더더욱 열심히 일을 해야 해. 알겠지?"

"네. 어, 어머니."

다음 날, 빌은 그 어느 때보다 더 열심히 벨을 눌러댔다. 어머니의 도움 없이 혹독한 홀로서기에 도전해야 했다. 손님이 거절하면 더 좋은 제품을 보여달라는 표시라 생각하고 다음에는 더 좋은 제품을 들고 찾아갔다.

"저, 저는 왓킨스사에서 나온 영업사원 비, 빌 포터입니다."

"압니다. 이 동네에서 당신 모르는 사람이 어디 있겠소? 정말로 당신 끈질기군요. 좋소. 주문할 테니 들어오시오."

"가, 감사합니다."

빌의 성실함과 끈기는 고객들의 마음을 얻기에 충분했고 주문량도 점점 늘어갔다. 자신감을 얻은 빌은 불편한 팔을 앞뒤로 흔들며 더더욱 열심히 벨을 눌렀다.

그 후로 24년이란 세월이 흘렀다. 회사 창립기념일 행사가 열렸다. 행사의 하이라이트인 '세일즈 왕' 발표시간이 되었다.

직원들의 시선은 모두 사회자의 입을 향했다. 사회자가 한창 뜸을 들이더니 마침내 발표를 했다.

"우리 회사의 자랑이며 최고의 세일즈 왕을 발표하겠습니다. 뜨거운 박수로 축하해주십시오. 우리 회사 세일즈 왕은 바로 '빌 포터'입니다."

직원들의 뜨거운 박수를 받으며 빌이 단상 위로 올라왔다.

"빌 포터 씨, 축하드립니다. 세일즈 왕이 되셨는데 한 말씀 부탁드립니다."

빌은 연신 머리를 긁적거렸다. 열심히 벨을 누르며 다니긴 했어도 세일즈 왕으로 뽑히리라곤 전혀 예상치 못했다. 빌은 마이크 앞에 섰다. 비록 어눌한 말투였지만 단호하고 자신감 있게 말을 했다.

"고, 고맙습니다. 제, 제가 여기에 설 거라고 믿어준 사람은 이 세상에 단 두 명뿐이었습니다. 하, 한 명은 어, 어머니이고 다른 한 명은 바로 저, 저 자신입니다. 비록 저는 모, 몸이 불편하지만 그래도 할 수 있다는 믿음이 있었습니다. 그 믿음이 있었기에 매일 15킬로미터를 걸을 수 있었습니다. 시, 신발 끈 하나 혼자서 묶을 수 없고 말투도 어눌하고 비가 오면 꼼짝없이 비를 맞아야 하고 숨이 턱까지 차오르는 언덕이었지만 계속 걸었고 거, 걸음이 느려서 횡단보도를 건널 때 운전자들에게 욕을 먹는 저이지만 전 포기하지 않았습니다. 오, 옷 입는 게 느려서 더 일찍 일어났고 걸음이 느려서 한 곳도 지, 지나치지 않고 벨을 누를 수 있었습니다. 그러다 보니 이 자리에 온 것입니다. 만약 제가 지, 지금보다 조금 더 완벽한 모습이었다면 저, 저는 세일즈 왕이 될 수 없었을 겁니다. 여, 여러분들도 해낼 수 있습니다. 참고 견디고 믿으면 반드시 꿈을 이룰 수 있습니다."

빌은 단상에 내려왔다. 그리고 황급히 행사장을 빠져나갔다.

"빌, 어디 가세요?"

"가, 가봐야죠. 벨 누르러 가야죠."

빌은 왼손으로 가방을 들고 터벅터벅 어디론가 사라졌다.

뇌성마비로 태어나 신체적 약점이 많았지만 성실과 인내로 새로운 삶을 개척한 그, 그가 바로 세일즈 역사의 신화로 불리는 '빌 포터'다.

내려갈 때까지 내려가면,
올라갈 일만 남아 있다

칠흑 같은 어둠 속에서 저 멀리 한줄기 빛을 발견했을 때 심장은 빠르게 뛰기 시작합니다. 이제 살았다는 안도감과 함께 이제까지 마음을 지배하고 있었던 절망은 눈 녹듯 사라집니다. 빛의 정체를 정확히 알 수 없는 상황이지만 빛 자체만으로도 이미 마음에 긍정의 힘을 품게 합니다. 이처럼 긍정의 힘이란 사람의 가슴을 뛰게 하고 더 좋은 일이 있을 거라는 기대감을 심어줍니다.

실제로 긍정의 생각을 하는 것만으로도 우리 인생에 좋은 영향을 미친다고 밝힌 학자가 있습니다. 캘리포니아 어빈 대학의 루이스 고트샤크 교수는 말기암 환자를 대상으로 한 조사에서 희망을 품고 미래를 더 긍정적으로 본 환자들이 희망이 없고 우울한 환자들보다 더 오래 살았음을 밝혀냈습니다.

희망을 품고 전진하다 보면 아픈 현실도 바뀌게 됩니다. 『성경』 다음으로 지구상에서 가장 많이 팔린 책 『해리포터』의 작가 조앤 롤링도 정부 보조금으로 아이와 생활을 꾸려가던 가난한 이혼녀였습니다. 그러나 자신이 처한 현실에 절망하지 않고 분명 좋은 날이 올 것이라는 희망을 품고 살았습니다. 그 긍정의 씨앗은 끝내 『해리포터』라는 열매를 맺게 했고 그녀의 인생은 역전되었습니다.

그녀는 이렇게 말합니다.

"인생의 밑바닥에서 두려워하던 실패가 현실이 됐기 때문에 오히려 자유로워질 수 있었습니다. 실패했지만 나는 살아 있었고, 사랑하는 딸이 있고, 낡은 타자기와 아이디어가 있었지요. 가장 밑바닥이 내가 인생을 새로 세울 수 있는 단단한 기반이 되어준 것입니다. 내려갈 때까지 내려가면 두려울 것도, 꺼릴 것도 없는 법입니다. 다시 일어나서 나아갈 일만 있기 때문입니다."

돈보다 귀한 가치는
수도 없이 많다

08

천문학적 상속을 버린 베스킨라빈스의 이단아 존 라빈스

세상에서 가장 큰 아이스크림 프랜차이즈인 '베스킨라빈스' 매장.

그 매장 앞에 한 남자가 의연한 태도로 나타났다. 뭔가 각오를 한 듯 입술을 야무지게 다물었다. 이어 남자는 피켓을 들어올렸다. 남자는 피켓에 적힌 내용을 큰소리로 외쳤다.

"인간의 몸을 망가뜨리는 아이스크림 판매를 당장 중단하라!"

지나가는 사람들이 무슨 일인가 하고 남자 앞으로 모여들었다. 남자는 사람들에게 말했다.

"아이스크림을 먹으면 좋지 않습니다. 건강하게 오래 살고 싶다면 아이스크림을 당장 끊어야 합니다. 여러분도 동참해주십시오. 아이스크림 판매 중단이 실현되는 그날까지 저와 함께 해주십시오."

사람들은 처음엔 관심을 보이는가 싶더니 이내 흩어졌다. 사람들은 남자를 미친 사람으로 보는 듯했다.

남자는 계속해서 구호를 외쳤다. 그제야 상황 파악을 한 매장 매니저와 직원들이 부랴부랴 밖으로 나왔다.

험상궂게 생긴 매니저는 인상을 쓰며 남자에게 말했다.

"당신, 지금 여기서 뭐하는 거야! 남의 가게에서 왜 영업을 방해해?"

"저는 '어스세이브 인터내셔널Earth Save international'단체의 회원입니다. 아이스크림을 먹으면 몸에 좋지 않습니다. 그래서 제가 작성한 건강식단표를 알리기 위해 나왔습니다.”

“헛소리 말고 어서 꺼져!”

매니저는 남자를 밀쳤다. 남자는 뒤로 밀렸다. 하마터면 넘어질 뻔했다. 남자는 아랑곳하지 않고 다시 또 구호를 외쳤다. 그러자 이번에는 직원들이 남자를 제압하기 위해 우르르 몰려들었다. 매장에서 좀 떨어진 곳까지 남자는 질질 끌려갔다.

“놔! 이거 놔!”

땅바닥에 내팽개쳐진 남자는 옷을 털고 일어났다. 그리고 매장 앞으로 가 다시 1인 시위를 벌였다.

“저 사람이 또.”

도저히 안 되겠다고 판단했는지 매니저는 경찰서에 신고를 했고 곧바로 경찰차가 출동했다. 현장에 나타난 경찰은 남자를 보자마자 미소를 지었다. 서로 안면이 있는 듯했다.

“라빈스 씨. 어제는 저 옆 동네 매장에서 그러시더니 오늘은 이 매장으로 옮겨오셨네요. 이제 그만하세요.”

“법을 어겼으면 저를 잡아가시고 그렇지 않으면 저를 그냥 내버려두세요.”

경찰은 짧은 한숨을 내쉬며 이 상황을 난감해했다. 그 남자는 조금 특별한 사람이었기 때문이다. 그는 바로 세계적인 아이스크림 기업 '베스킨라빈스'의 유일한 상속자, 존 라빈스였다.

"이러시면 곤란합니다."

경찰은 짧은 한숨을 내쉬며 말했다

"좋습니다. 오늘은 그만하겠습니다. 그렇다고 완전히 멈춘 건 아닙니다."

남자는 매장 간판을 올려다보며 짧은 한숨을 내쉬었다. 그리고 잠시 상념에 잠겼다.

"존 라빈스, 너 여기 좀 앉아보렴."

"예. 아버지."

"너 도대체 그게 무슨 소리냐? 아버지 사업을 물려받을 수 없다니? 그게 무슨 소리냔 말이다."

베스킨라빈스의 창업자인 어니 라빈스는 아들의 말을 도무지 이해할 수 없었다.

"너 지금 제정신이야? 이놈아, 네가 지금 배가 불렀구나. 세상 사람들이 모두 너를 얼마나 부러워하는지 알기나 해? 어마어마한 기업의 상속자라고 다들 부러워한단 말이다. 그걸 마다해? 다음부터는 그런 농담마라. 그리고 내 아들로 태어난 걸 인생 최고의 행운인 줄 알아라. 알았어?"

존 라빈스는 고개를 내저으며 진지한 표정으로 말했다.

"아버지, 저 지금 농담하는 거 아닙니다. 정말로 저는 아버지 사업을 물려받지 않을 겁니다. 엄청난 유산, 그런 거 필요 없습니다."

아버지는 깊은 한숨을 내쉬었다.

"그래, 왜 그러는지 네 말 좀 들어보자."

존 라빈스는 자신의 생각을 차분히 말했다.

"삼촌의 경우만 봐도 그래요. 삼촌은 매일 아이스크림을 입에 달고 살았어요. 쉰 살이 조금 넘어 심장마비로 세상을 떠났잖아요. 우리 가족들을 보세요. 다 뚱뚱해요. 아버지도 지금 건강에 문제가 있잖아요. 고혈압에, 당뇨병에…… 온몸이 다 종합병원이잖아요. 이게 모두 아이스크림 안에 들어있는 포화지방과 설탕 때문이에요. 그리고 지금 지구촌 한쪽에서는 굶어죽는 아이들이 수두룩합니다. 2초에 한 명씩 죽고 있다는 걸 아세요? 그런 와중에 제가 서른두 번째 아이스크림을 만들어야 합니까? 저는 그렇게는 못합니다."

존 라빈스는 자리에서 일어나 밖으로 나가버렸다. 그렇게 그는 누구나가 꿈꾸는 대기업 상속자의 길을 거부하고 자신만의 진짜 삶을 살게 되었다.

그는 브리티쉬컬럼비아 해안에서 조금 떨어진 작은 섬으로 들어갔다. 그동안 도시에서 생활하면서 오염되었던 몸과 마음을 깨끗이 정화하고 새로운 인생을 살기 위해 선택한 곳이 바로 그 섬이었다.

섬 생활은 한마디로 야생, 그 자체였다. 도시처럼 모든 것이 갖춰져 있지 않았다. 생활은 불편했고 적응하기도 힘들었다. 가장 힘든 건 음식이었다. 섬에서 나는 식물과 생선으로만 끼니를 해결했다. 햄버거나 치킨, 아이스크림 등 패스트푸드와 달콤한 것에 익숙해진 몸이라 그런 것들을 하루아침에 끊기란 참으로 힘들었다.

"아, 먹고 싶다."

자신도 모르게 그런 말이 술술 나왔다. 다시 도시로 돌아갈까 하는 생각도 수도 없이 들었지만 참아냈다. 어느 정도 시간이 흐르자, 그럭저럭 견딜만했다. 섬 생활에 적응한 것이다. 그의 몸은 몰라보게 달라졌다. 머리가 맑아지고 얼굴에 생기가 넘쳤다.

그는 섬에서 근 10년간 생활했다. 그곳에 살면서 이 세상을 위해 자신이 할 수 있는 일은 무엇일까에 대해 생각했다.

"그래, 제대로 된 음식과 아름다운 환경을 위해 내 일생을 바칠 거야."

도시로 돌아온 그는 책을 집필하기 시작했다. 도시 식탁에 오르는 음식과 패스트푸드가 건강을 해지고 환경을 망친다는 내용이었다.

그는 책을 통해 패스트푸드를 만드는 과정을 폭로했다. 뼈와 근육을 가진 동물은 넓은 목장에서 자유롭게 뛰어다니며 자라야 하는데 좁은 공간에 몰아넣고 단기간 내에 몸집을 불리기 위해 사료에 항생제와 호르몬제, 방부제 등을 섞는다는 사실을 낱낱이 공개했다.

사람들은 경악했다. 또한 그는 패스트푸드점의 감자튀김에 대해서도 말했다. 알이 굵은 감자를 만들기 위해 특별한 감자 품종만 기르다 보니 땅에 황폐해지고 다양한 생물종이 사라진다고 말했다.

이후, 그는 1989년 '어스세이브 인터내셔널'이라는 단체를 만들어 사람의 몸과 지구의 환경을 지키는 여러 가지 사업을 펼쳤다. 그 공로가 인정돼 1994년에 '레이첼 카슨 상'을 수상하기에 이르렀다.

2001년 7월에는 『음식혁명』이란 책을 통해 육식과 유제품의 '폐해'를 주장하기도 했다.

새끼소가 어미젖을 자연스럽게 떼려면 8개월이 필요하다. 미국에서는 태어난 후 24시간 안에 새끼소를 어미 소의 곁에서 떼어내 송아지 우리로 옮긴다. 그 비율은 90퍼센트다.

치즈가 들어간 더블 와퍼 햄버거에 들어 있는 포화지방은 여덟 살짜리 어린이 기준, 하루 권장 섭취량의 200퍼센트 이상이다.

유제품을 가장 많이 소비하는 나라는 핀란드, 스웨덴, 미국, 영국 순이다. 골다공증이 가장 많이 발생하는 나라는 핀란드, 스웨덴, 미국, 영국 순이다.

어느 날, 한 기자가 존 라빈스에게 질문했다.

"당신은 남부럽지 않게 살 수 있는 조건을 갖췄습니다. 여기서 말하는 조건이란 당신도 알겠지만 어마어마한 상속입니다. 그런데 왜 그걸 포기하고 이런 길을 가시는 겁니까? 당신의 선택에 후회는 없습니까?"

존 라빈스는 미소 지으며 말했다.

"후회는 없습니다. 오히려 잘한 일이라고 생각합니다. 제가 포기한 것보다 훨씬 더 향기로운 꿈을 찾았고, 진짜 제 인생을 살고 있으니까요."

진정한 행복은 단 하나라도
내가 원하는 것을 얻는 것이다

"행복이란 무엇일까."

이 명제 앞에 당신은 어떤 대답을 하시겠습니까?

대답하기에 앞서 우리가 알아야 할 것이 있습니다. 바로 물질과 행복의 관계입니다. 대부분의 사람들은 돈, 물질, 명예 등을 행복의 요소라고 알고 있습니다. 그것들을 넉넉히 얻게 되면 영원히, 그리고 충분히 행복할 것이라고 생각합니다. 그래서 그러한 것들에 집착하게 되고 실제로 그것들을 얻기 위해 많은 시간을 투자합니다. 심지어 부정한 방법과 상대에 대한 배신 그리고 상처 주는 일까지 서슴지 않습니다.

그러나 물질이 곧 행복이라는 생각은 착각입니다. 행복의 조건은 내가 얼마나 많이 가졌는가, 주위에서 나를 어떻게 평가하는가가 아닙니다. 내가 서 있는 자리, 내가 선택한 것에 대해 본인 스스로 행복을 느낀다면 그것이 진정한 행복입니다.

다시 말해서 행복은 모든 것을 다 갖춘다고 오는 게 아닙니다. 부족한 가운데 내가 원하는 것을 얻는 것, 열 개를 포기하고 소중한 하나를 얻는 것 그게 바로 행복입니다.

벤자민 프랭클린은 행복에 대해 이렇게 말했습니다.

"행복에는 두 갈래의 길이 있다. 욕망을 적게 하거나 재산을 많게 하거나."

당신은 그 누구보다도 행복하길 원합니다. 아니 어쩌면 당신은 이미 행복한 상태에 있는지 모릅니다. 스스로 느끼지 못할 뿐이죠. 행복의 기준을 조금만 낮추고, 집착을 줄이고, 작은 것에 대한 소중함에 관심을 갖게 된다면 생활 속에서 발견할 수 있는 행복은 더욱 많아질 것입니다.

오후 3시에 마시는 커피 한 잔, 작은 길섶에서 발견한 이름 모를 꽃, 놀이터에서 마주친 동네 아이의 눈빛, 하늘 도화지에 멋지게 그림을 그린 구름 물감에도 행복이 있다는 것을 깨닫게 될 것입니다.

검둥개,
그게 어쨌다는 거야!

09

1925년, 빌리는 열 살 무렵에 마흔 살 가량의 백인 남자 딕크의 집에서 식모살이를 했다. 빌리는 종일 바지런히 움직였다. 새벽녘에 일어나 식사를 준비하고, 아침나절에는 방 청소는 물론 거실에 있는 도자기며 그림들을 티끌 하나 없이 닦아냈다. 청소가 끝나면 창고에서 물건 정리를 하고 낮에는 빨래, 밤에는 놀러오는 주인의 친구들을 위해 술상도 봐야 했다. 아침부터 늦은 밤까지 쉴 틈이 없었다.

고된 나날이었지만 그래도 빌리에게는 모든 시름을 잊게 하는 순간이 있었다. 바로 거실에 있는 축음기에서 흘러나오는 루이 암스트롱의 노래였다.

"세상에 이렇게 아름다운 멜로디가 있다니 참으로 놀라워. 정말 매력적인 목소리야."

빌리는 음악을 통해 처음으로 신천지를 보았다. 주인이 나가면 몰래 음악을 들었다. 음악을 듣지 않는 날은 아무 의미가 없었다.

'그래, 나도 언젠가는 멋진 음악을 하는 사람이 될 거야.'

어느새 음악은 빌리의 일상이 되었고 막연하게나마 이루고 싶은 꿈이 되었다. 그러나 빌리의 인생은 음악처럼 평화롭고 아름답지만은 않았다.

나뭇잎이 휘날리는 음산한 어느 날의 일이었다.

"빌리, 너 이리 와서 어깨 좀 주물러라."

"예?"

"옷 개는 건 그만하고 이쪽으로 오라니까."

빌리는 주인아저씨 등 뒤에서 어찌할 줄 몰랐다. 남자의 몸에 손을 댄다는 게 좀 이상했다.

"너 뭐하고 있니? 어서 주무르라니까!"

강압적인 말투에 빌리는 어쩔 수 없이 주인아저씨가 하라는 대로 했다. 그런데 잠시 후, 주인아저씨가 빌리의 손목을 잡더니 앞쪽으로 힘껏 끌어당겼다.

"빌리, 너 여기 좀 앉아봐."

"왜, 왜 이러세요."

"잠자코 있어. 너 쫓겨나고 싶어?"

주인아저씨는 빌리를 소파에 눕히더니 이내 덮쳤다.

"아, 싫어요. 싫단 말이에요!"

"조용히 안 해! 이 검둥개가 어디서 소리를 질러."

나약한 열 살 소녀 빌리는 주인아저씨의 완력을 당해낼 수 없었다. 결국 빌리는 주인아저씨에게 성폭행을 당했다.

두렵고 수치스러워 견딜 수가 없었다. 다음 날, 용기를 내 경찰서에 갔다. 자신이 겪은 일에 대해 상세히 말했다. 그런데 어찌된 일인지 경찰관은 빌리의 말에 그다지 귀 기울이지 않았다. 경찰관 역시 백인이었던 것이다. 그 당시만 해도 인종차별이 극심한 때였다. 경찰관은 되려 빌리에게 모든 죄를 뒤집어 씌웠다.

"어린 것이 벌써부터……. 쯧쯧. 너 같은 건 정신 좀 차려야 해."

성폭행 당한 것도 죽을 만큼이나 억울한데 그녀는 2년간 감화원에서 지내야 했다. 그녀에게 죄라면 흑인으로 태어난 것뿐이다.

감화원에서 나온 후, 그녀의 삶은 나락으로 떨어졌다. 흑인 남자에게 또 한 번의 성폭행을 당해 겨우 아물었던 상처가 또 터지고 만 것이다. 만신창이가 된 그녀는 뉴욕의 슬럼지역을 전전하다가 결국은 사창가에서 몸을 파는 신세가 되고 말았다. 몸과 마음은 망가질 대로 망가지고 점점 더 황폐해져갔다. 그저 목숨이 붙어 있기에 살 뿐, 삶의 이유가 딱히 없었다.

그러던 어느 날, 그녀는 살아가야 할 이유를 발견하게 되었다. 엄밀히 말하면 잊고 있던 걸 되찾은 것이다. 무작정 거리를 헤매다 나이트 클럽 '포즈와 제리스Pod's & Jerr's' 앞에서 발걸음이 멈췄다. 계단을 타고 올라오는 음악 소리가 그녀의 귓가에 와 닿았다. 순간, 그녀는 입가에 미소가 번지고 가슴이 뛰기 시작했다. 눈을 감은 채 한참 동안 그 자리에 서서 음악을 들었다. 이 행복한 감정을 놓치고 싶지 않았다.

그녀는 나이트클럽 안으로 들어갔다.

"너 누구야? 뭐하는 애야?

험상궂게 생긴 지배인이 째려보며 말했다.

"저, 저 댄서인데요. 여기서 일하고 싶어서요."

그녀는 당황한 나머지가 댄서라고 둘러댔다.

"그래? 그럼 춤 한 번 춰봐."

춤이라곤 평소에 춰본 적이 없었던 터라 그녀의 춤은 엉망이었다.

"지금 그걸 춤이라고 추는 거야! 장난할 시간 없으니까 어서 꺼져."

지배인이 그녀의 허리춤을 잡고 끌어냈다. 끌려가는 와중에 그녀는 노래를 부르기 시작했다.

순간, 홀 안이 고요해졌다. 그 안에 있던 사람들 모두 그녀의 노래에 감동과 충격을 받은 것이다.

"저 어린 아이의 목소리가 어떻게 이리도 깊을까."

"클럽 생활을 숱하게 했지만 이런 음색은 처음이야. 가슴을 울린다는 말이 바로 이럴 때 쓰는 건가 봐."

그녀의 가수 생활은 그렇게 시작 되었다.

머리에 흰 치자꽃 한 송이를 꽂고 빌리가 무대에 올랐다. 꽤 잘 어울렸다. 사람들의 반응이 좋았다. 그걸 계기로 그녀는 늘 무대에 오를 때마다 치자꽃을 머리에 꽂았다. 치자꽃이 그녀를 알리는 상징물이 되었다.

1933년 열여덟 살에 낸 첫 음반을 시작으로 연이어 두 번째 음반을 냈다. 그 음반은 많은 사람들에게 사랑을 받았고 비평가에게도 좋은 평가를 얻었다.

하지만 그녀의 위상은 크게 달라지지 않았다. 그녀는 여전히 흑인이었기 때문이다.

한번은 백인 악사 열세 명과 함께 전국 순회공연을 할 기회를 얻었다. 순회공연은 나름 성공을 이어가고 있었지만 그녀에겐 공연 스트레스보다 더 큰 스트레스가 있었다. 바로 인종차별의 설움이었다.

"우리 지역에서는 이 공연 허락할 수 없습니다. 이게 말이 됩니까? 감히 검둥개가 백인들을 뒤에 세우고 노래를 하다니 이건 있을 수 없는 일입니다."

흑인 가수라는 이유로 공연이 취소되기도 했다. 그뿐만 아니라 호텔로 들어가는 일조차 그녀에겐 어려운 일이었다.

호텔 경비원이 그녀의 앞길을 가로막았다.

"검둥개가 지금 어디서 설치고 있어!"

"왜 그러시죠? 전 가수예요. 저 악사들과 일행이라고요."

"더러운 것. 이 정문은 백인만 들어갈 수 있어. 검둥개는 저 뒷문으로 다녀!"

공연이 끝나면 백인 악사들은 근사한 호텔에서 그날의 피로를 풀었지만 그녀는 쉴 곳을 찾아 길거리를 헤매야 했다.

한번은 이런 모욕적인 일도 있었다.

"빌리, 이 물감을 얼굴에 칠하도록 해."

"예? 그게 무슨 말씀이세요? 이거 핑크색 물감이잖아요."

"잔말 말고 어서 칠해. 다 백인인데 무대 위에서 너만 깜둥이잖아. 어서 칠하라니까."

그녀는 얼굴에 핑크색 물감을 칠하고서야 무대에 설 수 있었다. 정말 이렇게까지 수모를 당하면서 이 일을 해야 하나 싶었지만 차마 그만둘 수가 없었다. 이미 노래는 그녀에게 인생의 전부이자 목숨과도 같았다.

인종차별로 인한 아픔은 거기에서 끝나지 않았다.

공연 도중 아버지가 위독하다는 소식을 접했다. 그녀는 병원 여기저기를 돌아다녔다.

"저희 아버지께서 위독합니다. 치료 좀 해주세요."

"검둥개는 치료 안 합니다. 어서 나가세요."

"그런 법이 어디 있어요. 사람이 죽어간단 말이에요."

"난 분명 말했소. 다른 곳에서 알아보세요."

다른 병원 역시 마찬가지였다.

"우리 병원은 흑인은 받지 않습니다."

“선생님, 제발 부탁드립니다. 저희 아버지 좀 봐주세요. 제발
요.”

의사들은 고개를 돌려 외면했다. 몇 십 군데를 돌아다녀도 어느
한 곳도 흑인을 받아주는 병원은 없었다. 결국 아버지는 제대로 된
치료도 받지 못하고 죽음을 맞이했다.

아버지의 죽음 이후, 그녀의 노래를 더더욱 깊어졌다.

인종차별에 저항하는 노래인「기묘한 과일Strange Fruit」은 많은 이
들의 가슴에 호소했고 흑인뿐만 아니라 백인들의 마음까지 흔들
어놓았다.

그녀의 저항은 조금씩 빛을 보기 시작했다. 대중적이면서도 권
위 있는 잡지인「타임」지와「라이프」지에 그녀가 소개되었다. 그
전까지만 해도 흑인 사진이 게재된 적이 없었다.

한동안 가수로서의 명성을 이어갔지만 인종차별의 충격과 몇
번의 거듭되는 결혼으로 인해 그녀의 영혼은 점점 망가져갔다. 기
억이 희미해지고 몸의 고통은 견딜 수 없는 지경에 이르렀다. 지난
날이 주마등처럼 스쳐 지나갔다. 후회와 아픔의 삶이었지만 그래
도 꿈과 희망을 쫓았던 삶이었다.

몇 해 전, 마틴 루터 킹 목사를 주축으로 흑백 분리주의에 항거
한 ‘몽고메리 시내버스 거부 사건’은 그녀에게 큰 의미였다.

“그래, 난 저급한 바닥 인생을 살았지만 그래도 의미 있는 일을

했어. 내 노래는 영원할 거야. 내 노래는 분명 그들에게 힘이 될 거
야. 나를 검둥개라 부르며 비웃어도 나는 노래할 거야. 노래로 다
시 태어날 거야.”

그녀는 나지막한 목소리로 자신의 노래「기묘한 과일」를 읊조
렸다.

남부의 나무에는 기묘한 열매가 열린다

잎사귀와 뿌리에는 피가 흥건하고

남부의 산들바람에 검은 몸뚱이들이 매달린 채 흔들거린다

포플러 나무에 매달려 있는 이상한 열매들

멋진 남부의 전원 풍경

튀어나온 눈과 찌그러진 입술

달콤하고 상쾌한 매그놀리아 향

그리고 갑자기 풍겨오는 살덩이를 태우는 냄새

여기 까마귀들이 뜯어 먹고

비를 모으며 바람을 빨아들이는

그리고 햇살에 썩어가고 나무에 떨어질

여기 이상하고 슬픈 열매가 있다

그녀는 1959년 7월, 끝내 눈을 감았다. 엘라 피츠 제랄드, 사라 본과 함께 3대 여성 재즈 보컬리스트로 칭송 받았으며 재즈 역사상 가장 위대한 목소리이며 영혼이 담긴 목소리로 기억되는 그녀가 바로 흑인 여가수 '빌리 홀리데이'다.

당신의 삶을 지탱할
그 무엇을 만들어놓아라

신경과 전문의 출신 작가인 올리버 색스은『아내를 모자로 착각한 남자』에서 이렇게 말했습니다.

구체성이야말로 기본이다. 현실을 생생하게 '살아 숨쉬는'것으로, 개인적이며 의미가 있는 것으로 만드는 것이 바로 이 '구체성'이다. 만일 '구체성'을 상실하면 모든 것을 잃는다.

여기서 구체성은 삶을 지탱하는 '그 무엇'으로 치환해서 생각할 수 있습니다.

당신에게는 삶을 지탱하는 그 무엇이 있습니까?

'그 무엇'은 사람마다 다를 것입니다. 미키 마우스를 만든 월트 디즈니에게 그 무엇은 바로 '호기심'이었습니다. 호기심은 끊임없이 새로운 것을 생산해냈고 마침내 세상의 중심에 설 수 있었습니다.

또 누군가에게는 '꿈'이 바로 그 무엇입니다. 어쭙잖은 꿈일지라도, 그 꿈이 있기에 오늘날까지 버틸 수 있었습니다. 꿈이 있다면 나이도, 고통도, 역경도 잊을 수 있습니다.

또 누군가는 '친구'가 그 무엇이라고 말합니다. 인생이 바닥으로 곤두박질쳤을 때 친구가 손을 내밀지 않았다면 영영 회생하지 못했을 것입니다.

삶을 지탱하는 그 무엇은 이외에도 많을 것입니다. 음악이 될 수도 있고 신앙이 될 수도 있고 홀로 떠나는 여행이 될 수도 있습니다.

당신에게도 삶을 지탱하는 그 무엇이 있습니까? 이 험한 세상을 살다 보면 눈물 흘릴 일도, 가슴 치며 아파해야 할 일도, 분통해서 고함치고 싶은 일도 참 많을 것입니다. 그런 날을 대비해 내가 끝까지 포기하지 않을, 삶을 지탱할 그 무엇을 만들어놓는 것도 현명한 방법입니다.

운명에 맞서지 않으면
운명에 끌려간다

.

10

세계적인 패션모델에서 인권운동가로, 와리스 디리

운명에 맞서지 않으면 운명에 끌려간다

"엄마, 왜 이렇게 밥이 많아?"

"오늘은 많이 먹는 날이야."

"왜? 오늘이 무슨 날인데?"

"나중에 알게 될 거야."

여느 때와 달리 와리스 디리의 밥공기에는 밥이 수북이 쌓였다. 영문도 모른 채 와리스는 맛있게 한 공기를 비웠다.

그날 오후, 엄마의 손에 이끌려 한 노파의 집으로 갔다.

"네가 와리스구나?"

"예. 안녕하세요."

"자, 그럼 시작해야겠구나. 이리 와서 누우렴. 다리는 좀 벌리고."

와리스는 눈을 깜빡거리며 노파가 시키는 대로 했다. 노파는 헝겊 천을 펼치더니 면도칼과 가위를 꺼냈다.

와리스는 깜짝 놀라 뒤로 물러나며 엄마를 찾았다.

"엄마, 이게 뭐야? 할머니가 왜 그래?"

"괜찮아. 무섭긴 뭐가 무서워? 남들도 다 했잖아. 금방 끝나니까 꾹 참아."

이제 겨우 다섯 살인 와리스는 잔뜩 겁에 질렸다. 이 상황을 피하고 싶었지만 자신의 의지대로 할 수 있는 나이가 아니었다. 어쩔 수 없이 어른들이 시키는 대로 해야만 했다.

그날은 그녀의 생애에서 가장 끔찍한 날이었다. 바로 할례가 거행되는 날이었다.

와리스는 아프리카 소말리아에서 사막을 떠돌아다니는 유목민의 가정에서 태어났다. 생활환경은 최악이었다. 전기도 없고 전화도 없었다. 컴퓨터는 말할 것도 없고 텔레비전은 꿈도 못 꾼다. 먹을 만한 깨끗한 물도 없고 먹을 식량 역시 늘 부족했다. 하루 종일 사막과 초원을 떠돌며 양과 낙타를 치며 살아야 했다. 그렇지만 이러한 생활환경은 그나마 견딜 수 있었다. 그 삶 역시 이곳에서 살아가는 한 방식이니까. 그러나 예로부터 전해져오는 전통적인 악습인 할례는 차마 견딜 수 없었다.

소말리아 속담에 "여자는 악마가 놓은 덫이다"라는 말이 있다. 이 말을 굳게 믿었던 어른들은 여자의 성기는 음탕하기 때문에 할례를 통해 사전에 봉쇄해야 한다고 생각했다. 순결한 몸으로 시집 갈 준비를 하는 일종의 절차였다.

와리스도 할례를 치러야 했다.

노파는 녹슨 면도칼을 와리스의 성기에 갖다 댔다. 그리고 인정사정 볼 것도 없이 성기를 자르고 소변과 생리만 나오도록 작은 구멍만 남긴 채 실로 꿰맸다. 마취도 없이 더러운 면도칼과 바늘, 실을 사용했다.

"아, 아악!"

“다 됐어. 조금만 참아.”

그 고통은 이루 말할 수 없었다. 와리스는 이를 악물었다. 눈에서는 닭똥 같은 눈물이 하염없이 쏟아졌다. 와리스는 기절했고 그렇게 할례는 끝이 났다.

와리스는 몇 달 넘게 할례의 후유증으로 고생했다. 상처 부위는 핏자국과 고름으로 범벅이 됐고, 소변도 제대로 볼 수 없었다.

시간은 흘러 와리스는 열네 살이 되었다.

늘 밝고 명랑하던 와리스의 얼굴에 그늘이 드리웠다. 그 이유는 며칠 있으면 낙타 다섯 마리를 받고 나이 육십이 넘은 할아버지의 신부로 팔려가기 때문이다.

“그 영감의 신부가 되느니 차라리 사막 너머로 도망칠 거야.”

사막에서 죽을 각오로 와리스는 가출을 했다.

몇 날 며칠 동안 모래바람을 맞으며 걷고 또 걸었다. 끝도 없는 사막, 이러다 사막에서 죽는 건 아닐까 하는 두려움으로 가득 찼다. 그렇다고 걸음을 멈출 순 없었다. 분명 사막이 끝나는 그곳에 새로운 세상이 있을 것 같은 기대 때문이었다.

우여곡절 끝에 수도 모가디슈에 도착한 와리스는 언니를 찾아갔다. 언니 집에서 눈칫밥을 먹으며 나름대로 살 궁리를 했다.

그녀가 할 수 있는 일이라곤 식모살이가 전부였다. 청소하고 빨래하고 아이들을 돌보며 하루하루를 보냈다. 식모살이가 지겨울 때는 공사장에서 막노동도 했다. 차곡차곡 번 돈을 고향에 부치려 했지만 중간에 사기를 당해 모든 것이 허사가 되기도 했다.

그러던 어느 날, 그녀에게 기회가 왔다. 이모부가 영국대사로 가는데 가정부가 필요했던 거다.

"언니, 내가 가면 안 될까? 몸은 비실해 보여도 나 정말로 힘이 세. 청소도 잘하고 빨래도 잘해. 그러니 내가 갈게. 영국에 가고 싶어."

그렇게 해서 그녀는 영국행 비행기를 탈 수 있었다.

비행기를 타는 순간, 새로운 문명과의 만남이 시작되었다. 비행기 안에서 화장실 문제로 그녀는 당황했다. 좌변기를 처음 접한 것이다. 소변을 본 후, 물을 내리는 것도 알지 못했다. 소변 후 물을 내리라는 글자가 적혀 있지만 그녀에겐 별 의미가 없었다. 글자를 몰랐기 때문이다.

소변을 본 후, 그녀는 종이컵으로 변기에 수돗물을 채웠다. 그리고 도망치듯 화장실 밖으로 나왔다.

영국에 도착한 그녀는 두 눈이 휘둥그레졌다. 사막과 초원 그리고 양과 낙타만 보고 자란 그녀에게 영국은 완전히 새로운 세상이었다. 화려한 네온사인과 세련된 여자들 그리고 자동차까지…… 모든 것이 신기하고 놀라웠다.

영국대사의 집에서 4년 동안 일을 했다. 고향 소말리아에 비하면 생활환경은 말로 표현할 수 없을 정도로 월등히 나아졌지만 삶의 질은 그다지 높아지지 않았다. 고향에 계신 부모님과 형제자매들이 너무나 그리웠고 매일 똑같은 일상을 되풀이하다 보니 재미도 없었다. 물론 가정부로 생활하는 동안 의미 있는 일도 있었다. 조카에게 구박을 받으며 글을 배운 것이다. 완벽하게는 아니더라도 조금은 글을 깨우칠 수 있었다.

어느덧 이모부의 임기가 끝나고 소말리아로 돌아가야 할 시간이 되었다.

"와리스, 이제 다시 고국으로 가야겠구나. 어서 짐 챙겨라."

"전 싫어요. 그냥 여기에 남을 거예요."

"너 혼자서? 이 낯선 나라에서 어떻게 살려고 그래?"

"이제는 적응할 수 있어요. 이곳에 있어야 더 좋은 기회도 올 것 같아요. 전 여기 있을래요."

그녀는 불법체류 신분으로 맥도널드에서 주방보조와 허드렛일을 했다.

그러던 어느 날, 기적과도 같은 일이 일어났다.

한 사진작가에게 패션잡지의 표지모델을 제안 받은 것이다. 그녀는 망설임 없이 "예스"라고 말했다. 그 한마디로 그녀는 인생역

전의 주인공이 되었다.

이후, 그녀는 성공가도를 달렸다. 눈을 떠보니 스타가 되어 있다는 말이 그녀에게 딱 어울리는 말이었다.

밀라노 패션쇼 무대에 서는가 하면 세계적으로 유명한 화장품 로레알의 광고 모델로 발탁되기도 했다. 많은 사람들이 그녀의 몸짓, 손짓, 표정 하나하나에 열광했고 그녀의 무대는 언제나 사람들로 가득했다.

'이게 정말 꿈은 아니겠지?'

하루 일을 마감하고 침대에 누운 그녀는 자신의 볼을 꼬집어봤다. 정말로 꿈만 같은 나날이었다. 세상의 미래와 사람의 일은 알 수 없다고 하지만 이렇게까지 인생이 달라질 거라곤 그 누구도 상상하지 못했다.

그녀는 인기와 부와 명예 그 모든 것을 다 누릴 수 있었다. 남부러울 게 없는 삶이었지만 이상하게도 마음 한구석은 여전히 채워지지 않았고 늘 불안했다.

기적처럼 찾아온 인기가 언젠가 한 순간에 사라질지 모른다는 불안감이 늘 마음속에 내재되어 있었다. 그뿐만 아니라 어릴 때 할례로 인해 받았던 상처와 아픔은 여전히 그녀를 괴롭혔다.

그녀는 점점 술에 의지하게 되었고 악몽에 시달렸다. 남들에게 박수와 찬사를 받아도 즐겁고 행복하다는 생각이 들지 않았다.

"그래, 이대로 지낼 순 없어. 내 상처와 아픔을 당당히 밝히고 또 다른 기적을 만드는 거야."

모델로서의 삶이 절정에 이른 1997년 어느 날, 그녀는 한 언론과의 인터뷰에서 지난날의 상처를 고백했다.

"저는 어릴 때 할례를 받았습니다. 그 고통은 여전히 진행 중입니다. 저의 치부를 공개하는 게 수치스럽고 부끄럽지만 더 이상 아프리카 어린이들이 저처럼 아픔을 겪지 않았으면 하는 마음에 이렇게 고백합니다."

이 인터뷰를 계기로 그녀는 인권운동가로 변신했다. 할례에 관한 일이라면 그 어떤 매체도 마다하고 인터뷰를 했고 여성 할례 반대운동의 최선봉에 섰다.

할례 전통을 고집하는 사람들에게 비난을 받고 생명의 위협까지 느끼기도 했다. 또한 그녀의 어머니와 심하게 다퉈 정신이상 증세에 시달려야 했다.

그럼에도 불구하고 멈추지 않았다. 운명에 맞서지 않으면 운명에 끌려다닌다는 걸 잘 알고 있었다. 그녀는 세계보건기구에서도 일했고 자신의 이름으로 재단을 만들어 아프리카 여인과 어린이들을 위한 인권운동을 펼치고 있다.

오늘도 그녀는 열심히 걷는다. 인권이라는 무대에서, 그리고 엄마의 마음속으로 돌아가는 길을 찾기 위해 걷고 또 걷고 있다.

거대한 운명도
사람의 의지를 꺾을 수는 없다

운명론자들은 이렇게 말합니다.

"이 세상만사는 미리 정해진 필연적 법칙에 따라 돌아간다."

살다 보면 정말이지 운명론자들의 말이 맞을 때도 있습니다. 그러나 그들의 말이 절대적인 것은 아닙니다. 만약에 모든 사람들이 필연적 법칙에 의해 정해진 길만을 가야 한다면, 세상이 만들어놓은 틀에 갇혀 살아야 한다면 인생이 얼마나 재미없고 심심하겠습니까?

스티븐 호킹은 이렇게 말합니다.

"모든 것의 운명이 미리 정해져 있고 우리가 바꿀 수 있는 것은 아무것도 없다고 주장하는 사람들조차 길을 건너기 전에 좌우를 살핀다."

절대적이고 불변한 건 없습니다. 모든 것은 바뀌고 변하기 마련입니다. 강자는 운명을 지배하지만, 약자는 운명의 노예가 되는 것입니다. 척박한 운명을 타고났다고 주저앉아 울기만 한다면 그저 정해진 운명대로 살아갈 수밖에 없습니다. 뚜렷한 목표를 정하고 새로운 삶을 꿈꾸고 꿈을 이루기 위해 에너지를 집중하면 운명의 강줄기를 다른 방향으로 흐르게 할 수 있습니다.

거대한 운명이라도 사람의 의지 앞에서는 속수무책입니다. 그러니 무슨 일이든 '내가 마음먹은 대로 된다'는 믿음으로 운명에 맞서다 보면 어느새 달라진 인생을 느끼게 될 것입니다.

최악의 선택은
아무것도 선택하지 않는 것이다

11

세계 오지에 3천 개의 도서관을 만든 사나이. 존 우드

"이사님, 퇴근 안 하세요?"

"어, 자네들 먼저 퇴근해."

"어떻게 저희들끼리 퇴근합니까? 이사님이 퇴근해야 저희도 마음 편히 퇴근을 하죠."

"그런 거 신경 쓰지 말고 퇴근해. 퇴근 시간 한참 지났잖아. 나는 할 일이 남아서 그래. 어서들 퇴근해."

"예. 알겠습니다. 그럼 저희들 먼저 퇴근하겠습니다."

마이크로소프트사 중국지사에 근무하는 직원들이 우르르 사무실 밖으로 나왔다. 모두들 퇴근하는데 오늘도 존 우드 이사만이 사무실의 불을 밝히고 있다.

존 우드가 퇴근을 안 하는 이유는 중책을 맡고 있기 때문에 일에 대한 책임감도 있긴 하지만 그보다 그는 심각한 일 중독자였다. 멈출 때 멈출 줄 알아야 하는데 한번 일에 빠지면 헤어 나올 줄 몰랐다. 물론 그렇게 미친 듯 일했기 때문에 마이크로소프트사는 중국시장에서 나름 자리를 잡을 수 있었다. 또한 존 우드 개인적으로도 그 공로를 인정받아 30대에 이사라는 직급을 얻었고 중국지사의 2인자가 될 수 있었다.

어느새 새벽 4시가 지났다. 여전히 존 우드 이사는 사무실에서 벗어나지 않았다. 일을 하는 그 순간이 이 세상에서 가장 행복한 일이라고 느꼈다. '죽어 무덤에서나 잠을 잘 수 있다'는 속담에 어울릴 정도로 그의 삶은 일이 전부였다.

"하아, 지금 몇 시지?"

길게 하품을 하더니 책상 위에 엎드렸다. 잠시 쉴 요량이었지만 이내 깊은 잠이 들고 말았다.

아침햇살이 창을 뚫고 사무실 안으로 들어왔다. 웅성웅성하는 소리가 났다. 직원들이 출근한 것이다. 사람들의 인기척 소리에 존 우드는 잠에서 깼다.

"이사님, 오늘도 여기서 주무셨어요?"

"그러다 몸 상하겠어요."

"걱정 마. 내가 좋아서 하는 일인데 뭐."

존 우드는 쉬지도 않고 일만 하며 세월을 보냈다.

그러던 어느 날, 우연한 기회에 히말라야 트레킹을 가게 되었다. 히말라야에 도착하기 전까지만 해도 머릿속에는 일에 대한 생각으로 가득 찼다. 그런데 막상 히말라야 땅을 밟으니 일 생각은 모조리 사라졌다. 맑은 공기와 푸른 초원, 새의 노래, 그리고 저 멀리 보이는 정상을 덮고 있는 흰 눈까지. 이곳에 있는 것만으로도 모든 스트레스와 걱정이 사라지는 듯했다. 그대로 자연이 되는 듯했다. 왜 이런 곳을 진작 찾지 않았을까. 그동안 일에만 파묻혀 살아온 자신이 부끄럽기까지 했다.

트레킹을 하던 중, 그는 네팔 오지의 한 학교에 가게 되었다. 그곳에서 아이들을 만났다. 아이들은 열악한 환경에서 공부를 하고 있었다. 금방이라도 무너져 내릴 것 같은 건물, 공책과 연필이 없어 땅바닥에 글을 쓰는 아이들, 책은 없는 이름뿐인 도서관…… 그런 광경을 보니 마음이 아팠다.

그는 혼잣말로 중얼거렸다.

"도대체 그렇게 많은 돈들은 다 어디로 간 거야."

그는 수백만 달러의 판매실적보다 저 아이들에게 한 권의 책, 한 자루의 연필을 주는 게 더 가치 있는 일임을 느꼈다. 그의 마음속은 책과 연필 그리고 학교와 도서관으로 가득 찼다.

"그래, 이제 그만 두자. 진짜 일을 하는 거야."

트레킹을 마치고 사무실로 돌아온 그는 사표를 쓰기로 결심했다. 그런데 막상 사표를 내려고 하니 마음이 흔들렸다. 갈피를 잡지 못하고 있을 때 한 친구가 결정적인 조언을 해줬다.

"존 우드, 내 말 잘 들어. 일회용 반창고를 뗄 때 아프지 않게 떼는 방법이 뭔 줄 아니? 그건 바로 한 번에 확 떼는 거야. 네가 마음의 결정을 했으면 더 이상 망설이지 마. 네가 하고 싶은 대로 하란 말이야."

그는 미련 없이 사표를 냈다. 성공보다 더 소중한 일을 하고 싶었다.

존 우드는 바로 실행으로 옮겼다. 수많은 책을 샀고 그 책들을 당나귀들의 등에 실었다. 당나귀들의 행렬은 네팔 오지의 학교로 향했다. 산더미처럼 많은 양의 책을 본 아이들은 환호하며 기뻐했다.

"와, 책이다! 이제 공부할 수 있겠다."

"정말 감사합니다."

아이들이 기뻐하며 행복해하는 모습을 보니 존 우드도 덩달아 기쁘고 행복했다. 그런데 그 기쁨과 행복은 곧 또 다른 고민거리를 낳았다.

"다른 곳의 아이들은 어떻게 하지?"

공부를 하고 싶지만 여건이 되지 않아 못하는 다른 지역의 아이들이 마음에 걸렸다. 능력만 된다면 혼자서 이 지구상의 모든 아이들에게 책과 학교와 도서관을 제공해주고 싶지만 그건 불가능한 일이었다. 다른 사람들의 도움이 필요했다.

존 우드는 자선단체인 '룸투리드Room to Read'를 설립했다. 그리고 자신과 뜻을 같이 할 사람을 모으기 시작했다. 일단 지인들에게 후원요청 편지를 보냈다.

안녕하세요. 존 우드입니다.

당신에게 기쁜 소식을 전해주고자 합니다.

당신은 지금 큰 행운을 얻게 되었습니다.

바로 존 우드가 하고자 하는 뜻깊은 일에 동참하게 된 것입니다.

동참하는 방법은 세 가지입니다.

첫째, 영어를 배울 수 있는 책을 보내주세요.

둘째, 집에서 제대로 대접 받지 못하고 있는 동화책들을 모두
보내주세요.

셋째, 기부하세요. 작은 돈도 좋고 많은 돈은 더 좋습니다.

이 셋 중에 이왕이면 많은 걸 선택해주세요.

최악의 선택은 아무것도 선택하지 않는 것입니다.

당신의 선택을 믿기에 미리 감사드립니다.

그의 적극성과 진심이 통했던 걸까. 많은 이들이 그가 하고자 하는 일에 동참 의사를 보내왔다. 든든한 지원군을 얻은 그는 더 이상 망설일 게 없었다. 무섭게 돌진했다.

히말라야 지역에 도서관과 학교를 세웠다. 그리고 그곳에 책을 채워 넣었다. 그곳뿐만 아니라 베트남, 인도, 라오스, 스리랑카 등에도 학교, 도서관 그리고 컴퓨터 교실도 세웠다. 2010년까지 지은 도서관이 2만 개, 학교가 2,000개에 달했다. 그리고 출판사업도 병행했다. 각 지역마다 고유의 언어가 있기 때문에 그 언어로 책을 펴낸 것이다. 그래서 아이들은 보다 더 쉽게 책을 읽을 수 있게 되었다.

한번은 이런 일도 있었다. 메콩 강 지역에 사는 한 학생이 홍수가 나는 바람에 학교를 그만둬야 했다. 홍수 이재민이 된 학생의 가족들은 강가 옆에서 천막을 치고 어렵게 살아가고 있었다.

존 우드는 학생의 집에 찾아가 부모님을 설득했다.

"배운다는 건 미래를 위한 투자입니다. 배워야 이 천막을 벗어날 수 있고 배워야 더 넓은 세상으로 나갈 수 있습니다. 아이들을 학교로 보내주세요."

"저희도 그러고 싶지만 그럴 만한 형편이 안 됩니다. 그리고 학교까지 가려면 보트도 있어야 하고 자전거도 있어야 합니다. 그럴 능력이 없습니다."

"저희가 돕겠습니다. 교복도 맞춰주고 기숙사비도 제공하겠습니다."

이처럼 가난으로 인해 학업을 포기해야 했던 아이들을 계속해서 지원했다. 존 우드의 도움을 받은 아이들은 무려 1만 3,500명에 달했다.

오늘도 그는 전 세계 아이들에게 배움의 기회를 주고 사랑을 전해주고자 분주하게 살고 있다.

생각과 실천 사이의 간극은
좁으면 좁을수록 좋다

이 세상에서 가장 먼 길은 머리에서 가슴까지 가는 길이라는 말이 있습니다. 하루에도 수십 번, 아니 수백 번 생각을 하고 각오를 다지지만 막상 그것을 행동으로 옮기려면 주저하게 됩니다.

생각을 행동으로 옮기지 못하는 이유는 첫 번째가 두려움일 것입니다. 과연 생각만큼 모든 일이 잘 될까 하는 의심과 초조함이 행동을 제약하게 만듭니다. 두 번째는 지나친 손익계산입니다. 이 일을 통해 얻는 것보다 잃는 것이 많다면 굳이 하려 하지 않습니다.

무슨 일이든 신중해서 나쁠 건 없습니다. 그러나 지나치게 신중하다 타이밍을 놓치게 되면 아무것도 아닌 게 될 수도 있습니다.

성과나 성취는 생각이 아닌 행동의 결과치입니다. 생각과 실천 사이의 간극은 좁으면 좁을수록 좋습니다.

더군다나 그 일이 남을 위한 일이라면 더더욱 주저할 필요가 없습니다. 내가 손해보고 남이 이익을 보는 일, 내가 조금 힘들고 남이 조금 더 행복해지는 일, 내가 배고프고 남이 배부를 수 있는 일, 내가 땀 흘리고 남이 활짝 웃을 수 있는 일 앞에서는 고민하거나 망설일 필요가 없습니다. 그러한 것들은 어찌 보면 남을 위한 일이지만 궁극적으로는 모두 다 나를 위한 일이기 때문입니다.

나는 죽을 만큼 외로웠지만 살아갈 만큼 옳았다

12

인권의 깃발을 올린 고독한 스포츠맨, 피터 노먼

1968년 멕시코시티에서 하계 올림픽이 열렸다. 이 올림픽에서 많은 신기록도 나왔고 짜릿한 명승부 장면도 연출되었다. 그러나 신기록이나 명승부 장면보다 더 세상 사람들의 주목을 끈 사건이 있었다.

그것은 바로 '블랙 파워 솔루트Black Power salute(흑인 차별 반대 행위)' 사건이었다.

결승전이 열리는 날, 참가 선수들이 출발선 앞에 섰다. 출발 신호를 기다리는 선수들의 얼굴은 하나 같이 몹시 상기되어 있었다. 이 순간을 얼마나 기다려왔는가. 눈 깜짝할 사이에 끝나는 이 경기를 위해서 4년 동안 피와 땀을 흘렸다. 힘든 훈련과 반복적인 연습에 지쳐 주저앉은 적이 한두 번이 아니지만 그래도 다시 일어나 지금 이 자리에 섰다. 포기하고 싶은 마음이 들 때마다 마음속으로 오직 하나만 떠올렸다. 올림픽 메달. 그것이 그들을 출발선까지 오게 만들었다. 출발선에 선 선수 중에 호주 대표로 출전한 피터 노먼도 보였다.

피터 노먼이 육상선수가 된 건 열네 살 무렵이었다.

어느 날, 우연히 한 육상선수의 레이스를 본 순간, 그는 온몸에 마치 수백 볼트의 전기가 흐르는 것처럼 짜릿함을 느꼈다.

"그래, 바로 저거야. 내가 할 일을 찾았어."

바람을 가르며 달리는 육상의 매력에 흠뻑 빠진 것이다. 그렇게 그는 육상을 시작하게 되었다. 그러나 육상의 길은 그리 순탄치만은 않았다.

그는 어릴 때부터 심각한 천식환자였다. 잦은 기침과 가쁜 호흡으로 인해 일상적인 생활이 어려웠다. 그런 몸으로 육상을 한다는 게 쉽지 않았다.

"너 그 몸으로 무슨 육상이니? 몇 미터도 못 가서 쓰러질 거야."

주위의 우려도 있었지만 그는 개의치 않았다. 꿈이 강하면 그 어떤 장애도 극복할 수 있을 거라 믿었다. 그 믿음으로 육상을 시작했고 비가 오나 눈이 오나 앞만 보고 달렸다. 연습을 게을리하지 않은 덕에 그는 점점 발전했고 시합에도 나갈 수 있게 되었다. 그러나 가난한 형편 때문에 시합에 나갈 때면 친구에게 신발을 빌려야 했다. 그러한 역경들을 딛고 어느새 그는 육상계의 별로 성장했다.

이후 1966년 자메이카 영연방올림픽 200미터 육상에서 드디어 동메달을 따냈다. 그것을 계기로 그의 가슴에 호주 국기를 달 수 있었다. 호주 국가대표로 발탁된 것이다.

드디어 올림픽 육상 경기의 출발 신호가 울렸다. 피터 노먼과 출전선수들은 결승점을 향해 총알처럼 달려갔다. 초반 스타트에서 조금 늦었지만 중반부터는 속도가 붙었다. 육상 최강자였던 미국의 흑인 선수 토미 스미스와 존 카를로스가 박빙의 경쟁을 펼쳤다.

드디어 하나둘 선수들이 결승점을 통과했다. 금메달은 토미 스미스에게 돌아갔고 동메달은 존 카를로스 그리고 은메달은 피터 노먼의 차지였다.

피터 노먼의 메달 소식에 호주 국민들은 환호했다. 건강문제와 가난을 극복하고 출전한 첫 올림픽에서 값진 은메달까지 따낸 그는 일약 스타가 되었다. 그러나 그 뜨겁던 국민적 환호는 시상식 후 순식간에 비난으로 바뀌게 되었다. 시상식 때 무슨 일이 있었던 걸까?

시상식 전, 피터 노먼은 금메달과 동메달 리스트인 스미스와 카를로스와 함께 대기실에 있었다. 그런데 스미스와 카를로스의 얼굴은 수심으로 가득 차 있었다. 마치 전쟁터에 나가는 전사처럼 비장함마저 느껴졌다.

피터 노먼은 고개를 갸웃거리며 스미스에게 물었다.

"스미스, 표정이 왜 그래요? 금메달 땄는데 기쁘지 않아요?"

"물론 기쁘죠. 그렇지만 금메달보다 더 값진 일을 하고 싶어요."

"값진 일? 그게 뭐죠?"

"시상식에서 카를로스와 함께 흑인들의 인권을 위한 퍼포먼스를 선보일 겁니다."

그 당시만 해도 미국뿐만 아니라 여러 나라에서 극심한 인종차별이 자행되고 있었다. 옷가게나 식당 등 여러 업소에서는 흑인들의 출입이 금지됐고 백인에게 폭행을 당해도 법은 언제나 백인의 편이었다.

"노먼, 당신도 우리와 함께 하겠습니까?"

피터 노먼은 고민에 빠졌다. 그러나 그 고민의 시간은 그리 길지 않았다.

"좋소. 나도 동참하겠소. 그나저나 퍼포먼스는 어떻게 할 거요?"

"일단 흑인 인권을 상징하는 배지를 가슴에 달 것입니다. 그리고 시상대에 올라가 고개를 숙이고 주먹 하나를 하늘 위로 높이 들 겁니다."

피터 노먼은 고개를 끄덕이더니 이내 한 가지 의견을 냈다.

"두 사람이 주먹을 하늘 위로 올릴 때 이 검은 장갑을 끼는 건 어떻소? 하나씩 나눠 끼는 게 좋을 것 같소."

"좋은 아이디어입니다. 고맙습니다. 피터 노먼."

드디어 시상식 행사가 열렸다.

시상식대에 메달리스트 세 사람이 나란히 올랐다. 선수들의 목에 메달이 걸렸다. 곧 이어 미국 국가가 울려 퍼졌다. 그러자 스미스와 카를로스는 고개를 푹 숙인 채 검은 장갑을 낀 주먹을 위로 올렸다. 주먹은 흑인의 힘을, 검은 장갑은 흑인의 자부심과 인권을 상징했다.

순식간에 시상식장은 아수라장이 되었다.

"도대체 뭐하는 짓이야!"

"이 검둥이들아, 여기가 어디라고 그딴 짓이야!"

흑인들에 대한 반감을 갖고 있던 수많은 사람들은 야유와 욕설을 퍼부었다. 그러나 이 둘은 주먹을 내리지 않았다. 이 광경을 지켜보던 많은 흑인들은 뜨거운 눈물을 흘렸다.

이 일로 올림픽 측은 불순한 정치적 행위라고 분노했다. 그리고 곧바로 흑인 선수 두 명에 제재조치를 취했다. 스미스와 카를로스를 미국으로 쫓아낸 것이다.

올림픽을 마치고 피터 노먼은 고국으로 돌아왔다. 흑인 인권 퍼포먼스로 어느 정도 비난을 예상했지만 그 비난은 생각보다 강했다. 당시 호주도 인종차별정책을 썼던 시기였기 때문에 호주 언론과 국민들은 일제히 비난을 쏟아냈다.

"당신은 영웅이 아니라 흑인과 똑같은 못난 인간이야!"

"이건 국제적인 망신이야! 당신이 호주인라는 게 부끄러워!"

피터 노먼은 고개를 들 수가 없었다. 하루아침에 영웅에서 역적이 된 것이다. 호주 올림픽 위원회도 가만히 있지 않았다. 그에 대한 제재조치가 내려졌다. 신성한 올림픽 시상식을 망치고 국제적인 망신을 도모했다는 이유로 그를 엄하게 문책했다. 차기 올림픽 출전 기회를 박탈한 것이다.

"올림픽은 나가게 해주세요. 다음 올림픽에 나가지 못하게 하는 건 너무나 잔인한 처사입니다. 다시 한 번 기회를 주십시오."

"이미 결정된 사안입니다. 돌아가세요."

그는 심한 절망감을 느꼈고 여러 사람들의 쏟아지는 비난에 우울증까지 앓게 되었다. 자국 육상계에서 철저히 배척당한 그는 선수와 코치로 여러 팀을 전전하다가 1985년 아킬레스건의 치명적인 부상으로 인해 또 한 번의 절망을 맛봐야 했다. 자괴감에 빠져 자신의 처지를 비관했고 일이 끊겨 생활고까지 겪어야 했다. 외롭고 쓸쓸한 나날이었다. 그러나 그는 절대 후회하지 않았다.

'나는 외롭지만 괜찮아. 그 일은 옳은 일이니까.'

2006년 어느 날, 우울증을 앓고 있던 그는 심장마비로 갑작스럽게 세상을 떠났다.

그가 죽었다는 소식을 들은 스미스와 카를로스는 한걸음에 달려왔다.

"친구여, 이런 법이 어디 있나? 우리 때문에 자네의 삶이 이토록 고통스럽고 허망하게 될 줄 몰랐네. 미안하네."

"자네의 삶이 이렇게 전개될 줄 알았다면 자네에게 그런 제안을 하지 않았을 텐데. 왜 억울하게 가서 우리를 더욱 힘들게 하는가. 어서 나오게. 어서 관 밖으로 나오게. 친구인 우리들이 왔지 않는가. 자네와 같은 편인 우리가 여기에 이렇게 왔지 않는가.”

그 둘은 피터 노먼의 관을 붙들고 하염없이 울부짖었다. 마치 자신의 몸 한쪽이 떨어져나가는 것 같았다.

“스미스 씨 그리고 카를로스 씨, 이제 친구를 보내드려야 할 시간입니다.”

그 둘은 눈물을 삼킨 채 피터 노먼의 관을 직접 운구하며 마지막 길을 그와 함께 했다.

“친구, 잘 가게. 곧 만나세.”

그렇게 피터 노먼은 자국민의 배척과 협회의 외면 속에 쓸쓸히 하늘나라로 떠났다.

그가 죽은 지 6년, 자국민들에게 배척을 당한 지 44년이 지난 2012년 8월, 호주의회에서는 피터 노먼에 대한 논의가 뜨거웠다.

한 연방의원이 무거운 목소리로 동료 의원들에게 말했다.

“피터 노먼이 외로움과 고통의 시간을 보내고 있을 때 우리는 참으로 부끄러운 시간을 보내고 있었습니다. 생각해보십시오. 그의 행동은 전혀 틀리지 않았습니다. 그의 행동은 인종차별에 대한 국제적 관심을 불러모았습니다. 그가 왜 가혹한 처벌을 당해야 했습니까? 전적으로 우리들의 잘못입니다. 언론과 국민과 경기 단체로부터 그는 철저히 배척당했습니다.”

또 다른 의원이 이어 말했다.

“그렇습니다. 그가 말없이 용기 있는 행동을 한 것처럼 우리 역시 늦었지만 용기를 내야 합니다. 우리 잘못을 인정하고 그의 인생에 사죄해야 합니다. 저는 의회 차원에서 그에게 정중히 사과할 것을 건의합니다.”

결국 호주의회는 피터 노먼과 그의 유족들에게 그리고 이 땅의 평화와 평등을 위해 싸우다 목숨을 잃은 수많은 이들에게 공식적으로 사과했다.

늦은 감은 있지만 그래도 피터 노먼은 명예를 되찾을 수 있었다. 그는 분명 하늘나라에서 흐뭇하게 미소 짓고 있을 것이다. 이제라도 진심과 정의가 통했기에, 그것만으로도 충분했을 것이다.

강한 사람이란
고독을 가장 훌륭하게 견뎌낸 사람이다

소크라테스는 억울한 누명으로 감옥에 갇혔습니다. 감옥에 찾아온 제자들이 통곡했습니다.

"스승님, 아무런 죄를 짓지 않으셨는데 어떻게 감옥에 갇힐 수 있는 겁니까?"

그러나 소크라테스는 웃으면서 제자들을 달랬습니다.

"그럼 너희들은 내가 죄를 짓고 감옥에 들어와야 속이 시원하겠느냐."

악법이라는 것을 알면서도 묵묵히 감옥에서 견딜 수 있었던 건 비록 자유의 몸이 아니지만 자신의 생각만큼은 그 누구도 가둘 수 없다는 믿음, 즉 신념의 힘이 있었기 때문입니다.

독일의 시인 쉴러는 이렇게 말했습니다.

"강한 사람이란 가장 훌륭하게 고독을 견디어낸 사람이다. 자기 혼자 섰을 때 강한 사람이 진정한 인생의 용사다."

자신이 생각하기에 옳다고 믿는다면 모든 사람이 다 반대하고 비난해도 꿋꿋하게 자신의 생각을 밀고 나가는 것이 진정한 용기라 할 수 있습니다.

살면서 적당히 타협하고 적당히 물러나는 것도 필요할 때가 있지만 어쩌면 그건 스스로를 평생 비겁자로 낙인찍는 일과도 같습니다.

신념의 길은 고난과 고독과 고통의 길일 수도 있습니다. 그러나 자주 정신, 나의 힘, 나의 의지를 믿고 의연하게 자신의 신념의 길을 가는 것이 훨씬 멋진 삶이라 할 수 있습니다.

당신에게는 생의 파도를 뛰어넘을 신념이 있습니까?

인생의 벽을 뛰어넘어 날아오를 거야

.

13

광산촌에서 백조가 된 발레리노, 빌리 엘리어트

쨍그랑.

유리그릇이 바닥에 떨어졌다. 산산조각이 나고 말았다.

쨍그랑 소리에 깜짝 놀란 빌리가 황급히 할머니에게로 왔다.

"할머니, 괜찮으세요?"

할머니는 빙그레 웃으며 엉뚱한 소리를 했다.

"어, 영감. 왜 이제 와? 얼른 여기에 앉아. 같이 먹자."

"할머니, 저 영감이 아니라고 했잖아요. 전 할머니 손자 빌리에요. 빌리 엘리어트란 말이에요."

"무슨 소리야! 이 영감탱이가 나 몰래 다른 여자 만나는 거 아냐! 아이고 내가 못살아!"

갑자기 할머니는 밥상을 뒤집었다.

와장창.

그릇 안에 담긴 음식들이 바닥에 흩어졌다.

빌리는 울상을 지으며 한숨을 내쉬었다.

"할머니, 제발 이러지 좀 마세요. 도대체 왜 그러세요? 정신 좀 차리란 말이에요!"

빌리는 끝내 울음을 터뜨렸다. 어린 소년이 치매에 걸린 할머니를 돌본다는 게 쉬운 일이 아니었다.

오후가 되자, 아버지와 형이 집에 돌아왔다.

"빌리, 오늘은 별일 없었냐?"

“아니요. 오늘도 할머니 때문에 힘들었어요.”

“그래, 네가 고생이 많구나.”

“오늘도 일 안했어요?”

“응. 파업 중이잖니.”

“아버지, 파업은 언제 끝나요?”

“잘 모르겠다. 좀 길어질 것 같구나.”

아버지와 형은 광산에서 일하는 노동자였다. 그런데 요즘 파업 때문에 생활은 더더욱 쪼들렸다.

“빌리, 너 권투 연습장에 안 가니?”

“이제 가려고요.”

“권투 열심히 해라. 남자는 힘을 길러야 해. 지금 우리가 어렵게 사는 이유도 다 힘이 없어서 그런 거야. 힘이 있어야 일도 할 수 있고 남들에게 무시를 당하지 않는 거야. 알겠지?”

“예. 다녀오겠습니다.”

권투 연습장에 들어선 빌리는 왠지 힘이 없어 보였다.

“빌리, 너 왜 이래? 무슨 일 있니?”

“아니요.”

“그럼, 어서 운동하자. 오늘은 시합을 할 테니 링 위로 올라오렴.”

링 위에 올라온 빌리는 상대에게 일방적으로 얻어맞았다.

“빌리, 너 뭐해! 너도 때리란 말이야!”

빌리는 그다지 싸울 의지가 없었다. 아니 권투 자체에 흥미를 느끼지 못했다.

"관장님, 저 그만할래요."

"너 무슨 일 있구나?"

"사실은 며칠 전에 옆 체육관에서 발레하는 사람을 본 적이 있어요. 어찌나 아름답고 멋지던지…… 발레의 매력에 푹 빠지고 말았어요."

"그래서 지금 권투를 그만두고 발레를 하겠다는 거냐? 뭐 난 상관없다. 네가 권투를 하기 싫다면 그만 둬라. 하기 싫은 사람 붙잡고 훈련시키고 싶진 않으니까."

그날 밤, 빌리는 진지한 표정을 지으며 아버지에게 말했다.

"아버지, 저 권투 그만하고 발레할 거예요."

아버지는 어이가 없다는 듯 헛웃음을 터뜨렸다.

"장난하지 말고 그만 자거라."

빌리는 다시 한 번 말을 건넸다.

"장난이 아니에요. 저 정말 발레하고 싶어요. 권투는 제 적성에 안 맞아요."

순간 아버지의 얼굴이 굳어졌다.

"너 지금 제정신이니? 넌 남자야. 남자가 무슨 발레야!"

옆에 있던 형도 한마디 거들었다.

"빌리, 넌 아버지와 내가 안 보이니? 지금 정부를 상대로 매일 파업 투쟁하는 게 안 보여? 지금 우리 집 상황 안 보여? 지금 땔감이 없어서 엄마가 쓰시던 피아노까지 다 부쉈어. 얼마나 힘든 상황인데 네가 그딴 소리를 해!"

아버지와 형의 질책에 빌리는 눈물이 핑 돌았다. 그렇지만 꼭 발레를 하고 싶었다.

"꼭 강해야만 세상을 잘살 수 있는 건 아니잖아요. 부드럽고 아름다운 방법으로도 잘살 수 있어요. 전 발레 배우고 싶어요."

"남자 망신 다 시키는구나. 난 네가 부끄럽고 수치스럽다. 꺼져 이 녀석아!"

빌리의 꿈은 아버지와 형 앞에서 산산조각이 났다. 그날 밤, 빌리는 잠을 이룰 수 없었다. 아버지와 형에게 혼난 것이 서운한 게 아니라 가슴속 꿈을 버려야 한다는 게 더 가슴이 아팠다. 그러나 한 번 뿌리 내린 꿈은 가지를 꺾고 잎사귀를 뜯어 흩뿌린다 해도 절대로 사라지지 않는 법이다. 빌리는 발레의 꿈을 버릴 수 없었다.

발레를 배우기 위해선 아버지와 형이라는 거대한 산을 넘어야만 했다.

며칠 후, 빌리는 다시 아버지와 형 앞에 섰다.

"전 남들처럼 살지 않을 거예요. 남들처럼이 아닌 나처럼 살 거란 말이에요. 탄광촌에서 태어났다고 모든 사람들이 석탄가루를 먹어가며 평생 살아야 하는 법은 없어요. 왜 그렇게 살아야 하는 거죠? 그런 삶보다 더 나은 삶을 꿈꾸는 게 나쁜 건가요? 아버지와 형은 새로운 삶이 두려운 거예요. 그래서 여길 떠나지 못하는 거고요. 안 그래요?”

빌리의 말에 아버지와 형은 당황스러웠다. 아니 놀라움 그 자체였다. 어리고 여리게만 생각했던 빌리가 저렇게 당당하고 새로운 삶에 대한 갈망이 이토록 강한 줄 미처 몰랐다. 아버지와 형의 과거가 빌리의 미래 앞에 무너지고 말았다.

결국 빌리는 권투 대신 발레를 배우기 시작했다.

“빌리, 내 인생에 너를 만난 건 큰 행운이야. 넌 정말 천재적인 재능이 있구나.”

“정말요? 감사합니다. 선생님.”

선생님의 격려에 힘을 얻은 빌리는 하루 종일 발레 연습을 했다.

“빌리, 넌 발레가 왜 좋니?”

“발레는 하면 전 가슴이 뛰고 행복해요. 가난도 고통도 힘든 일상도 다 잊을 수 있어요. 하늘을 자유자재로 날아다니는 한 마리 새가 된 것 같아요. 그래서 좋아요.”

“그렇구나. 넌 분명 호수를 벗어나 하늘을 나는 멋진 백조가 될 거야.”

여전히 아버지와 형은 빌리가 발레하는 것을 탐탁지 않게 생각했다.

크리스마스 전날에도 빌리는 체육관에서 음악을 틀어놓고 발레 연습을 했다. 그런데 우연히 그곳을 지나가던 아버지는 체육관에서 흘러나오는 음악소리에 이끌려 체육관 안으로 들어가게 되었다. 그곳에서 빌리를 보게 되었다. 음악에 맞춰 열정적이면서도 우아하게 춤을 추고 있는 빌리의 모습에 아버지는 입을 다물지 못했다.

탄광촌에 살면서 거칠고 강한 것에 길들여진 아버지에게 빌리의 발레는 충격 그 이상이었다. 사람의 몸짓이 이렇게 아름다울 수도 있다는 것을, 예술이라는 게 사람의 마음을 울릴 수 있다는 것을 처음 깨달은 것이다.

아버지는 춤을 추고 있는 빌리에게 소리쳤다.

"빌리, 네 말이 옳았다. 네 가슴에 발레가 있다면 그걸 하렴. 전적으로 네 인생은 너의 것이니까."

"아버지, 고마워요."

"내가 무슨 일이 있어도 너만큼은 이 탄광촌을 벗어나게 해주마. 열심히 하렴."

계절이 바뀌고 빌리에게 중요한 순간이 다가왔다. 런던의 로열 발레스쿨 입학 오디션이 일주일 앞으로 다가온 것이다.

아버지는 어려운 형편에도 소중히 간직하고 있었던 아내의 반지와 목걸이를 전당포에 맡기고 빌리의 차비를 마련했다.

"자, 빌리. 이 돈으로 차비해라. 그리고 기죽지 말고 오디션 잘 보렴. 알겠지?"

"예. 열심히 할게요."

며칠 후, 빌리는 심사위원 앞에 섰다. 가슴이 터질 것처럼 떨렸다. 발레를 시작하기 직전, 빌리는 잠시 눈을 감았다.

'그래, 내가 이 자리에 설 거라고 결코 생각해본 적 없어. 발레는 돈 많은 계집애들이나 하는 거라고 생각해왔어. 그런데 지금 내가 여기 서 있잖아. 가능성조차 생각하지 않았는데 분명 내가 여기 서 있어. 난 해낼 수 있을 거야. 아주 잘 해낼 거야. 나를 둘러싼 벽과 편견과 삶의 무게를 모두 뛰어넘을 거야. 자, 가자!'

음악이 흐르고 빌리는 음악에 맞춰 춤을 추기 시작했다. 잔잔한 호수 물을 박차고 날아오르는 새처럼 때론 역동적으로, 때론 호숫가를 내려앉은 안개처럼 신비하고 고요함으로 무대를 이리저리 휘저으며 돌아다녔다. 그의 몸짓에 심사위원들은 넋을 잃었다. 진흙 속에 박혀있던 진주를 발견한 것처럼 흥분했다.

마침내 빌리는 로열발레스쿨의 학생이 될 자격을 얻게 되었다. 현실의 삶이 버거워 꿈과 예술을 사치로 여겼던 탄광촌에서 한 마리 아름다운 백조가 탄생한 것이다.

절망 속에서도
다시 시작할 수 있을 만큼 좋아하는 일을 찾아라

미국의 한 연구소가 '직업선택에 따른 부의 축적'에 대해 조사했습니다.
20년 간 추적조사를 한 결과, 1,500명 중 101명이 20년 후에 백만장자
가 되었습니다. 그런데 101명 중 한 명을 제외한 100명이 '자신이 하고
싶은 일'을 하는 사람들이었습니다.

이 조사의 결론은 다음과 같습니다.

"좋아하는 일을 직업으로 삼은 사람이 그렇지 않은 사람보다 부자가 될
가능성이 압도적으로 많다."

주식투자의 전설인 워렌 버핏은 이렇게 말했습니다.

"이력서 기준으로 멋져 보이는 기업이 아니라 당신이 좋아하는 직업을

가져라. 당신이 부유해지더라도 선택하고 싶어 할 그런 직업 말이다. 자신이 하는 일을 즐길 때는 많은 일을 해도 고되지 않다. 즐거운 일을 할 때는 힘에 부치지 않는다. 오히려 일을 함으로써 활력이 생긴다."

마음에 들지 않는 사람과는 몇 걸음만 같이 걸어도 불편하지만 좋아하는 사람과는 몇 리를 걸어도 지치는 줄 모릅니다. 일도 마찬가지입니다. 억지로 하는 일은 그 일을 하는 본인도 괴롭고, 능률이 오르지 않으니 그 일을 시키는 사람도 재미를 보지 못합니다. 밤을 새도 피곤하지 않고 즐거운 일, 그것이 정말로 나를 행복하게 만들고 나를 발전시킬 수 있는 무기입니다.

절망적인 상황에서도 다시 나를 일으켜 세우고 다시 시작할 수 있을 만큼 좋아하는 일을 찾으십시오. 그리고 더 이상 밀어내지 말고 내 것으로 만드십시오.

나무 한 그루, 풀 한 포기로
죽어도 영원히 살아 있을 겁니다

14

생명과 지구를 위해 첫 삽을 뜬 환경운동가, 레이첼 카슨

나무 한 그루, 풀 한 포기로
죽어도 영원히 살아 있을 겁니다

"으으윽. 제발 나 좀 살려줘. 제발."

깊은 밤, 고통 섞인 신음 소리가 서재에서 새어나왔다. 레이첼은 양손으로 위 부위를 쥐어 잡은 채 바닥을 떼굴떼굴 굴렀다.

"엄마! 엄마!!!"

비명과도 같은 레이첼의 절규에 깜짝 놀란 어머니는 황급히 서재 안으로 들어왔다.

"레이첼, 너 왜 그래? 또 도진 거야?"

"엄마, 나 죽을 것 같아. 통증이 너무나 심해 죽을 것 같아. 제발 나 좀 살려줘."

레이첼은 어머니를 붙들고 살려달라고 애원했다. 어머니는 레이첼의 머리를 품으로 끌어안았다.

"괜찮아 내 딸, 괜찮아. 엄마가 옆에 있잖아. 곧 잠잠해질 거야."

레이첼은 입술을 깨물며 통증을 참아냈다. 입술에서 선홍빛 피가 줄줄 흘렀다.

"레이첼, 이제 그만 멈춰라. 엄마는 더 이상 못 보겠다. 아무리 그 책 쓰는 게 중요하다고 해도 이 몸으로는 안 된다. 지금 네 몸 상태를 몰라서 그래? 이것아, 위궤양은 그렇다 치더라도 유방암이 재발한 상태잖아. 그 몸으로 뭘 하겠다는 거야."

"엄마, 제가 죽는 한이 있어도 이 책은 꼭 마쳐야 해요."

통증이 조금 약해지자 레이첼은 다시 펜을 들었다. 그동안 수집

한 자료를 뒤적거렸다. 그렇게 오늘도 밤새 통증에 시달리며 한 글자 한 글자 생의 의지를 담아 책을 집필해갔다.

며칠 후, 병원에서 검사 결과가 나왔다.

"의사 선생님, 솔직하게 말씀해주세요. 호전될 가능성이 있나요?"

"……."

"이렇게 꾸준히 방사선치료를 받고 있는데도 가능성이 없다는 건가요? 있는 그대로 제 몸 상태를 말씀해주세요."

의사는 눈썹을 파르르 떨며 말했다.

"유감스럽지만 지금 암 종양이 온몸에 퍼진 상태입니다. 그러니 각별히 조심하세요. 절대로 무리해서는 안 됩니다."

"그렇군요. 잘 알았습니다."

병원에서 나온 레이첼은 집으로 갈지 늪지대로 갈지 잠시 고민에 빠졌다.

'그래, 내게 남은 시간이 별로 없어. 이렇게 움직일 수 있는 동안 하나라도 더 해야지.'

무리하지 말라는 의사의 당부도 아랑곳하지 않고 인근에 있는 늪지대로 향했다.

늪지대에 도착한 레이첼은 두 눈이 휘둥그레졌다. 창공을 날아다녀야 할 새들이 모두 떼죽음을 당한 것이다.

"세상에 이럴 수가. 저 새들이 무슨 죄라고. 가엽기도 하지."

예상은 했지만 이 정도일 줄은 몰랐다. 이런 끔찍한 일이 벌어진 건 모기를 박멸하기 위해 주 당국이 뿌린 살충제 DDT 때문이었다. 모기가 사라지기는커녕 늪지대 주위의 수많은 동물이며 새와 곤충들이 자취를 감췄다.

레이첼은 이 끔찍한 상황을 사진도 찍고 수첩에 상세히 적었다.

한번은 이런 일도 있었다.

한 트럭 운전사가 무성한 잡초들을 없애기 위해 밭에 독성이 강한 제초제를 뿌렸다. 그러던 어느 날, 그가 실수로 제초제 안에 병뚜껑을 빠뜨리고 말았다. 그는 아무 생각 없이 제초제 안에 손을 넣어 병뚜껑을 꺼냈다. 그리고 다시 일을 했다.

그런데 하루가 지나자, 손등에 검은 반점이 생겼다. 손목이 시리고 저렸다. 별 대수롭지 않게 여긴 그는 계속해서 일했다. 그런데 손의 상태는 점점 나빠졌다. 제대로 손을 쓸 수도 없을뿐더러 피부가 까맣게 변했다. 며칠 후, 그는 너무나도 허망하게 죽고 말았다.

트럭 운전사의 죽음 소식을 접한 레이첼는 이 사안이 보통일이 아니라 생각했다.

"재앙이야. 이러다가 우리 모두가 위험해질 거야. 더 이상 늦출 수 없어. 이제 책을 마무리 지어야겠어."

암 종양의 고통을 끌어안고 레이첼은 밤새 집필에 몰두했다. 떼굴떼굴 바닥을 굴러다니고 하루에도 수십 번 구토를 하고 마치 송곳으로 온몸을 찌르는 듯한 통증이 있음에도 불구하고 펜을 놓지 않았다. 놓을 수가 없었다. 그녀에게 남은 시간이 별로 없었기 때문이다.

고통의 시간과 함께 지내온 몇 년, 드디어 결과물이 나왔다.

1962년, 레이첼은『침묵의 봄』을 펴냈다. 이 책은 화학약품이 생물들과 인간에게 어떤 영향을 주는지를 고발하는 내용이었다.

한 줄기의 눈물이 뺨을 타고 아래로 흘러내렸다.

"난 네가 태어나지 못할 줄 알았는데 이렇게 용케도 멋진 모습으로 태어났구나. 사랑한다 책아."

레이첼은 책에 연신 입맞춤을 하며 감격스러워했다.

"지금은 아플 시간도 없어. 많은 사람들에게 살충제의 심각성을 알려야 해. 이제부터 시작이야."

레이첼은 책을 펼쳐 나지막한 목소리로 한 대목을 읽었다.

이 마을은 아주 끔찍한 마술적 주문에 걸린 것 같다.

병아리 떼가 원인 모를 병에 걸렸다. 그뿐만 아니라 소나 양들이 병으로 죽어갔다. 사방이 죽음의 장막으로 덮였다.

…(중략)…

대지와 숲과 연못은 소름이 끼칠 정도로 이상하리만큼 조용했다.

그처럼 즐겁게 재잘거리며 날던 새들은 다 어디로 갔는가?

사람들은 모두 당황했으며 불길한 예감에 사로잡혔다.

어쩌다가 발견되는 몇 마리 새들도 몹시 떨면서 날지도 못하고

푸드덕거리다가 죽고 마는 것이었다.

어김없이 봄은 왔지만 놀랍게도 침묵만 감돌았다.

이 책이 출간되자마자 세상은 발칵 뒤집혔다.

사람들은 놀라움을 뛰어넘어 마치 지구에 종말이라도 온 것처럼 두려워했다.

"세상에 이럴 수가! 모르고 사용했던 살충제가 이런 끔찍한 재앙을 일으킬 수 있다니…… 정말로 놀랍고 두려운 일이야."

사람들은 살충제의 심각한 부작용에 대해 조금씩 인식하게 되었다. 그러나 대부분의 언론과 정부 그리고 특히 살충제를 만드는 회사는 연일 그녀를 노골적으로 공격했다.

"이 여자는 미친 여자입니다. 어디서 말도 안 되는 책을 써서 감히 우리 회사를 모욕하다니! 그녀는 어서 우리에게 사과하고 스스로 그 책을 불태워야 합니다."

"이건 농업생산량을 떨어뜨려 이 나라를 망하게 하려는 공산주의적 발상입니다"

"이 여자는 정신병자입니다. 인간보다 벌레나 잡초를 더 중요하게 생각하는 이상한 여자입니다."

레이첼 혼자 이 모든 것들을 감당하기에는 힘이 부쳤다. 몸은 암 종양으로 이미 다 망가졌고 영혼 또한 비난과 모욕으로 피폐해져 갔다. 그렇다고 자신의 뜻을 굽힐 수 없었다. 이건 인류와 지구를 이롭게 하는 일이기 때문에 더더욱 포기할 수 없었다.

1963년 4월, 레이첼은 미국 CBS 방송국이 마련한 토론회에 참석하게 되었다. 이 토론회는 사실 공정하지 못한 토론회였다. 살충제 회사가 그녀를 완전히 짓밟고자 기획한 토론회였기 때문이다.

패널들이 일제히 레이첼을 공격했다.

"레이첼, 이 책을 낸 동기가 뭡니까? 혹시 돈 때문입니까? 알아보니 당신은 결혼도 안했고 죽은 언니 대신 조카들을 키우고 홀어머니까지 모시고 있더군요. 그래서 이렇게 말도 안 되는 책으로 사람들을 현혹시켜 돈을 벌고자 한 것 아닙니까? 돈이 필요하면 말하세요. 회사 차원에게 도움을 줄 수 있습니다."

레이첼은 숨을 내뱉으며 분노를 삭이고 차분히 자신의 주장을 펼쳤다.

"저는 누구보다도 인간을 사랑하고, 인간을 최우선으로 생각합니다. 그렇기 때문에 자연을 지켜야 한다는 겁니다. 자연이 파괴되면 결국 인간도 파괴되고 맙니다. 해충을 죽이기 위해 뿌린 농약으로 나무와 잎과 땅이 오염됩니다. 땅이 오염되면 땅속의 지렁이나 박테리아 등도 오염되고 그곳에서 자라는 작물도 다 오염되고 맙니다. 오염된 작물을 먹는 사람들도 결국 오염됩니다. 이미 뿌린, 독성이 강한 화학제품은 없어지지 않습니다. 흙속에 남아 환경을 계속해서 오염시킵니다.”

레이첼은 계속해서 준비해온 각종 자료와 연구결과를 토대로 논리정연하게 주장을 폈다. 그럼에도 불구하고 그녀의 주장은 쉽사리 받아들여지지 않았다.

“당신은 비과학적인 논리로 소란을 일으키는 히스테릭한 여성입니다. 이미 1948년에 DDT를 개발한 스위스 화학자 밀러P. H. Müller는 노벨 생리의학상을 받았습니다. 당신이 노벨상을 받은 화학자보다 더 위대하는 겁니까?”

상대는 인신공격도 서슴지 않았다. 그녀는 지지하는 세력도, 학자도 없는 상황이라 철저히 고립되고 말았다.

그러던 중, 위기가 닥쳤다. 레이첼은 배를 움켜쥐었다. 통증이 또 시작된 것이다. 레이첼은 황급히 진통제 몇 알을 입안에 넣고 삼켰다. 금방이라도 그 자리에서 쓰러질 지경이었다. 그렇다고 이대로 물러설 순 없었다. 통증으로 인해 그녀의 얼굴은 흑빛으로 변했고 눈물이 흘렀다.

"으으윽."

레이첼은 마음으로 간절히 기도했다.

'하늘이시여, 제발 이 시간만큼이라도 버티게 해주세요. 어차피 저를 빨리 데려갈 거 아닙니까? 그러니 이 시간만 허락해주세요.'

통증을 견디며 레이첼은 힘겨운 싸움을 계속했다.

토론회 이후로도 그녀는 계속해서 강연 및 TV 출연을 통해 살충제의 위험에 대해 계속 알렸다.

그녀의 진심이 통했던 걸까. 급기야 국회에서도 환경보전과 인간 생명에 관한 위원회가 꾸려졌다. 그녀의 노력은 헛되지 않았다. 1963년 국회에서는 DDT 사용 금지 조항을 만들기에 이르렀다.

그녀의 승리였다. 그것은 끝이 아니라 또 다른 시작이었다. 전 세계적으로 환경보호라는 새로운 문제에 눈을 돌리기 시작한 것이다.

환경운동을 하기 위해 의욕적으로 마음을 다잡았지만 하늘은 그녀의 삶을 더 이상 허락하지 않았다.

"전 괜찮아요. 이제는 죽어도 여한이 없어요. 저는 죽지만 영원히 살아 있어요. 저 나무 한 그루가, 저 새 한 마리가, 저 풀 한 포기가 바로 저이니까요. 어느 날, 시원한 바람이 당신의 귓불을 흔들면 그게 저인 줄 아세요. 이제 나는 아픔 없는 곳으로 갑니다. 푸른 지구를 부탁합니다."

『침묵의 봄』을 발표한 채 3년도 되지 않은 1964년 4월 어느 날, 그녀는 쓸쓸히 죽어갔다.

어려운 상황에서도 굴복하지 않고 지구를 구한 그녀가 바로 환경운동가 '레이첼 카슨'이다.

옳다고 믿는 길, 뜻하는 바가 있다면
결코 주저하지 말아라

하늘이 처음 열릴 때 세상에는 길이 없었습니다. 우거진 숲과 거대한 바위 그리고 크고 작은 돌멩이로만 가득했습니다. 누군가가 숲을 헤치고 가로막은 바위를 옮기고 돌을 치워야 공간이 조금 열립니다. 그 열린 공간을 수백, 수천 번 걷고 땅을 다져야 비로소 첫 길이 열리는 것입니다. 없는 길을 새로이 만들고, 아무도 가지 않는 길을 앞서간다는 게 쉬운 일은 아닙니다. 기존에 없는 것, 즉 무에서 유를 창조해내야 하는 수고가 있어야 하고 세상의 곱지 않은 시선과 싸워야 하는 어려움도 있습니다.

대부분의 사람들은 변화를 두려워합니다. 설령 그것이 옳은 방향이더라도 변화를 귀찮아합니다. 때문에 선구자는 언제나 고독하고 힘겹습니다. 자신을 둘러싼 열악한 상황과 적대적인 환경마저도 떠안고 가야 하니까요.

그럼에도 불구하고 새로운 길을 열고자 하는 이유는 분명 그 길이 옳다는 믿음과 이 작은 걸음이 훗날 세상을 바꿀 거라는 믿음이 있기 때문일 것입니다.

늘 그랬듯 앞선 한걸음이 세상을 바꿨습니다. 갈릴레이가 그랬고 라이트 형제가 그랬고 앤디 워홀이 그랬습니다.

당신에게도 분명 선견지명의 눈과 선구자의 피가 있습니다. 옳다고 믿는 길이, 그것이 뜻하는 바라면 결코 주저하지 마십시오. 그것은 개인뿐만 아니라 이 세상에 큰 의미 있는 일이 될 것입니다.

불가능과 두려움을 껴안아
하나가 되는 거야

·

15

에베레스트 등정에 성공한 최초의 여성, 다베이 준코

어느 날 동생과도 같은 후배 루미의 비보가 날아들었다. 갑작스러운 후배의 죽음에 준코는 얼굴이 일그러졌다.

"말도 안 돼. 어떻게 이런 일이……."

루미와 함께 산을 오른 지 한 달도 지나지 않은 시점이었다. 준코는 눈물을 흘리며 바람처럼 장례식장으로 달려갔다. 영정 사진 속 활짝 웃고 있는 루미를 보는 순간, 준코는 온몸이 굳고 말았다. 도저히 이 상황을 믿을 수가 없었다. 준코는 그 자리에 주저앉아 오열했다.

"루미야~. 루미야~. 너 지금 날 놀리는 거지. 그만 하고 어서 나타나. 내 앞에 빨리 나타나란 말이야."

루미의 이름을 수차례 부르짖었지만 루미는 아무런 대답이 없었다.

유족에게 루미의 사고에 대해 전해 들었다. 산을 오르다 낙석에 맞아 절벽 아래로 굴렀다는 것이다. 제발 목숨만은 붙어 있기를 간절히 바랐지만 결국 죽고 말았다.

준코는 자신의 반쪽이 떨어져나가는 기분이었다.

며칠 동안 준코는 일이 손에 잡히지 않았다. 마음이 심란하고 괴로웠다. 그런데 왜 좋지 않은 일은 연이어 터지는 걸까. 슬픔이 또 다른 슬픔을 몰고 왔다.

산악인인 남편도 사고를 당한 것이다. 알프스 3대 북벽 연속 등정에 도전한 남편이 그랑조라스와 마테호른 등반에는 성공했지만 동상에 걸리는 바람에 아이거 북벽 도전에는 실패했다. 등반에 도전하다 보면 실패는 언제나 겪는 일이다. 다음에 도전하면 그만이다. 그러나 문제는 부상이었다.

"이런! 실패한 것도 억울한데 발가락까지 이 모양이 되다니."

남편은 동상에 걸려 발가락 네 개를 잃어야만 했다. 그 사고로 인해 남편은 한동안 병원 신세를 져야 했다.

거듭되는 사고로 인해 준코의 마음은 복잡해졌다. 한때는 산이 전부라 생각했는데 이제는 산이 점점 두려워지기 시작했다.

준코는 마음속 이야기를 남편에게 조심스럽게 전했다.

"여보, 저 이제 등반을 그만둘까 봐요. 산이 도대체 뭐길래…… 소중한 친구들의 목숨도 모자라 당신의 발가락까지 빼앗아갈 수 있어요? 산이 밉고 싫어졌어요."

남편은 고개를 저으며 준코를 위로했다.

"준코, 루미의 일은 나도 가슴이 아파. 물론 내 모양이 이래서 당신 볼 면목도 없고. 그렇지만 산을 미워하거나 싫어해선 안 돼. 우리 둘이 약속했잖아. 평생 산과 함께 지내기로 말이야. 잃은 것도 있지만 분명 더 많은 것을 우린 얻고 있어. 난 당신이 그만둘 수 없다는 걸 잘 알아. 당신 산 없이 살 수 있겠어? 산을 등지고 살아갈 수 있겠어?"

“…….”

준코는 부정도 긍정도 하지 않았다. 그저 침묵만 지켰다.

며칠 동안 준코는 통 잠을 이룰 수가 없었다. 지금 내가 정말로 원하는 길이 무엇인지, 어떻게 살 것인가에 대해 진지하게 점검해야 할 필요를 느꼈다.

준코는 거울 앞에 섰다. 그리고 거울 속 자신에게 물었다.

“너는 누구니?”

“너는 왜 살고 있니?”

“네 안에 여전히 푸른 고래가 꿈틀거리고 있니?”

“여자로 살길 원하니 아니면 여자가 아닌 위대한 사람이 되길 원하는 거니?”

수많은 질문을 쏟아냈다. 그녀가 던진 질문들은 그녀에게 깊은 성찰의 시간을 주었다. 준코는 정말로 내가 원하는 것이 무엇인지에 대해 생각했다. 내 가슴을 뛰게 하고, 힘들어도 견딜 수 있는 인생의 목적이 무엇인지를 생각했다.

결론은 오직 하나였다. 그것은 바로 산이었다.

자신에게 고통과 슬픔과 아픔을 안겨준 그 산을 잊고자 피아노 레슨도 새롭게 시작하고 일부러 더 정신없이 생활했지만 마음은 늘 구멍이 뻥 뚫린 것처럼 채워지지 않았다. 마치 하루하루가 허공을 걷는 것처럼 허무하고 무기력했다. 아무리 산을 외면하고 밀어 내려고 애써도 소용이 없다는 걸 깨달았다. 가슴이 시키는 일, 가슴을 뛰게 하는 일. 그것을 거부할 수 없었다.

"그래, 내가 하는 거야. 아무도 하지 못했던 일을 내가 하는 거야. 가슴이 시키는 대로 따라갈 거야."

준코는 인생 최고의 모험을 하기로 결심했다. 모든 등반가들의 꿈의 무대인 세계 최고로 높은 에베레스트 산을 등반하기로 한 것이다. 여태까지 에베레스트의 정상에 오른 여성은 단 한 명도 없었다.

에베레스트 등반 계획을 선언하자 주위에서 우려의 목소리가 들렸다.

"어떻게 여자의 몸으로 그 높은 곳에 도전한다는 거야. 괜히 나섰다가 험한 꼴 당하지 말고 그만둬."

"아이를 낳은 지 별로 되지도 않았는데 그 몸으로 무슨 등반을 한다고 그럽니까?"

여자라서, 아줌마라서 할 수 없다는 말에 준코의 승부욕은 더더욱 뜨거워졌다.

"여자는 남자보다 힘이 약한 게 사실입니다. 그렇지만 의지와 꿈까지 약한 건 아닙니다. 여자도, 아줌마도 할 수 있다는 걸 반드시 보여줄 겁니다. 두고 보십시오."

150센티미터의 작은 키지만 그녀의 포부는 누구보다도 컸다.

본격적으로 훈련에 돌입했다. 아이를 재운 후, 밤 시간을 이용해 매일 19킬로미터씩 뛰며 몸을 만들었다. 결정적인 순간에 승패를 좌우하는 건 결국 기본기다. 제아무리 기술이 뛰어나고 기후 조건이 좋다고 해도 기초체력이 받쳐주지 않으면 성과를 이룰 수 없다. 그녀는 하루도 빠지지 않고 체력 증진에 힘썼다. 등반 일자가 점점 가까워지자 훈련의 강도는 점점 높아갔다. 주말에는 대원들과 새벽부터 늦은 밤까지 등반 훈련을 했다.

드디어 에베레스트와의 결전이 시작되었다.

그녀는 대원들과 함께 5,300미터 지점에 베이스캠프를 세웠다. 말이 5,300미터지, 거기까지 오르는 동안 몇 번의 죽을 고비를 넘겨야 했다.

그곳에서 일단 2주 정도 머물기로 했다. 고산병에 적응하기 위해서다. 고산병에 걸리면 심장에 무리가 오고 심하면 폐부종이나 뇌부종으로 이어져 자칫 생명을 잃을 수도 있다.

산소가 부족하기 때문에 눈을 뜨고 있을 때나 잠을 잘 때나 고통스러운 건 마찬가지다. 새벽녘에는 체온이 갑자기 내려가 손발이 차가워지고 머리까지 지끈지끈 아팠다.

아침부터 눈보라가 휘날리던 날이었다.

"우르르콰쾅!"

마치 천둥이 치는 것처럼 거대한 소리가 산 전체에 울려 퍼졌다. 설상가상으로 눈사태가 일어난 것이다. 거대한 쓰나미처럼 눈이 아래쪽으로 몰려왔다. 순식간에 눈이 베이스캠프를 덮쳤다.

"으악."

준코는 비명소리와 함께 어디론가 사라졌다. 장비와 식량과 산소통은 눈 속에 파묻혔다.

사라진 준코를 찾기 위해 대원들은 수색에 나섰다. 몇 시간이 지났을까. 한 대원이 소리쳤다.

"여기에 있어요. 준코가 여기에 있어요!"

준코는 의식이 거의 끊어지기 직전이었다. 발목까지 다친 상태였다.

"준코, 준코! 괜찮아? 눈을 떠 봐. 어서 눈을 떠보라니까."

준코는 천천히 눈을 떴다.

"따뜻한 커피 한 잔만 주세요. 갑자기 먹고 싶네요. 누가 배달 좀 시켜주세요."

"지금 그런 농담이 나와? 하여튼 대단해."

1975년 5월 16일 이른 새벽, 준코는 발목 부상에도 불구하고 정상을 향해 최후의 공격을 시도했다.

"기필코 성공하겠습니다. 성공하지 못한다면 절대로 내려가지 않을 거예요."

무릎까지 빠지는 눈을 헤치며 한 걸음 한 걸음 전진했다. 눈바람이 시야를 가리고 강한 바람은 마치 면도날이 되어 온몸을 갈기갈기 찢는 것만 같았다.

"헉헉."

준코는 거친 숨을 내쉬었다. 산소 부족으로 당장이라도 심장이 멎을 것만 같았다. 이제 몇 백 미터만 더 가면 되는데 점점 정신이 혼미해져 도저히 걸을 수가 없었다. 그녀의 눈동자는 초점을 잃었다. 끝내 그녀는 주저앉고 말았다.

'아, 이게 죽는 거구나.'

죽음에 대한 공포가 그녀의 온몸을 감쌌다. 정상과의 거리보다 죽음과의 거리가 더 가깝게 느껴졌다. 더 이상 저항할 수도 없고 견딜 수도 없었다. 그녀는 죽음을 맞이할 수밖에 없었다.

그런데 그 순간, 낯설지 않는 목소리가 희미하게 들려왔다. 바로 루미의 음성이었다.

"언니, 어서 일어나. 할 수 있어. 어서 일어나."

준코는 입술을 벌벌 떨며 말했다.

"루미, 난 두려워."

"두려워 마. 산에 오른다고 생각하지 말고 산에 스며든다고 생각해. 산과 하나가 되는 거야. 어서 일어나. 남편이랑 아이에게 가야지."

준코는 이를 악물고 자리에서 일어났다. 그리고 한걸음 한걸음 힘겹게 내디뎠다. 그 한걸음은 단지 50센티미터의 전진만을 의미하지 않았다. 그 한걸음은 두려움을 극복한 한걸음이었고 꿈을 향한 의지의 한걸음이었고 세상 모든 여자들의 강인함을 보여주는 도전의 한걸음이었다.

그 한걸음은 또 다른 한걸음으로 이어졌다. 어느새 그녀는 자연에 완전히 몰입한 것이다. 그 순간, 그녀는 마음의 평온과 산의 따사로운 온기를 얻을 수 있었다.

그리고 마침내 그녀는 12시 20분, 정상에 도달할 수 있었다.

"여기는 정상입니다. 저는 지금 세계 최고의 꼭대기에 와 있습니다."

세계 최고봉을 정복한 후, 그녀의 도전은 계속 되었다. 유럽의 엘브루스, 아프리카의 킬리만자로, 남극의 빈슨매시프 등에 올라 53세가 되던 해에는 세계 7대륙의 최고봉을 다 오른 최초의 여성이 되었다.

한 언론과의 인터뷰에서 그녀는 이렇게 말했다.

"산 정상에 오를 수 있는 비법요? 물론 기술과 능력이 중요한 역할을 합니다. 그러나 그 두 개를 갖췄다고 해서 정상에 오를 순 없습니다. 산이 내 몸을 통과하고 내가 산을 통과해야 합니다. 이 모든 기적을 가능하게 만드는 것이 있습니다. 외부에서도 얻을 수 없고 돈으로 살 수도 없고 오직 자신의 심장만이 만들 수 있는 것입니다. 바로 '의지'입니다."

여성 최초로 지구에서 가장 높은 8,848미터 에베레스트 정상에 오른 그녀, 그녀가 바로 집념의 산악인, '다베이 준코'다.

요구하는 것이 많을수록
삶은 더 많은 것을 얻는다

'불굴의 의지' 하면 떠오르는 인물이 있습니다. 바로 사이클 선수 랜스 암스트롱입니다. 그는 생존율이 50퍼센트 이하인 고환암 진단을 받았습니다.

암세포는 뇌까지 퍼져 대수술을 받았습니다. 다들 그의 선수생활은 끝났다고 말했습니다. 그러나 그는 말했습니다.

"암 덩어리야! 쫓아오려면 쫓아와 봐라. 나는 페달을 밟아 저 멀리 도망갈 테니."

그는 다시 대회에 출전했고 마침내 99년 투르 드 프랑스 우승을 차지했습니다.

분명 몸과 마음이 한없이 무너졌을 텐데 어떻게 이런 일이 가능했을까요. 불가능을 가능하게 만들고 한계를 극복해내는 힘은 바로 마음에 달려 있습니다.

안 된다고 스스로 단념하고 한계를 만드는 것도 마음이고, 반대로 된다고 생각하고 스스로 믿고 이겨내려는 의지 역시 마음에서부터 시작됩니다. 놀라운 건 누구에게나 다 마음의 의지가 어느 정도 잠재되어 있다는 것입니다.

마음먹는 것은 힘들지만 막상 하겠다는 마음을 먹고 나약함을 제거하면 놀라운 결과를 만날 수 있습니다.

삶에게 끊임없이 요구하십시오. 열망하고 의지를 보여주십시오. 요구하는 만큼, 열망하는 만큼, 의지를 꺾지 않는 만큼 삶은 당신에게 귀한 것을 내줄 것입니다.

가장 낮은 곳에서
고귀한 영혼을 되살릴 수 있다면

16

야쿠자의 아내에서 청소년을 대변하는 변호사로, 오히라 미쓰요

가장 낮은 곳에서
고귀한 영혼을 되살릴 수 있다면

“예. 그렇게 할게요.”

“그래, 이토야. 꼭 그렇게 해. 올해 안으로 반드시 자격증 하나 따는 거다. 약속한 거야.”

“예. 변호사님.”

“그럼 여기서 착실히 생활 잘하고 다음에 또 얘기 나누자. 오늘 네 마음속 이야기를 해줘서 고마워.”

“아니에요. 오히려 제가 고마워요. 이제부터 할 일이 생겼잖아요.”

“그래. 분명 넌 할 수 있을 거야. 누구보다도 멋지게 말이야.”

오늘도 오히라 미쓰요 변호사는 소년원에 들렀다.

그녀는 특별한 일이 아니면 일주일에 한 번은 이곳에 온다. 이곳에 오는 이유는 여기에서 생활하는 아이들에게 꿈과 용기와 희망을 전해주기 위해서다.

오늘도 그녀는 세 명의 아이들과 상담을 했다. 아이들은 처음에는 마음의 문을 꼭 닫은 채 아무 말도 하지 않았다. 그러나 미쓰요와 대화를 하게 되면 희한하게도 아이들은 마음의 문을 열고 자연스럽게 마음속 이야기를 꺼내 보인다.

“나랑 친구할래?”

“변호사님이랑요?”

“응. 나이가 무슨 상관이야. 말이 통하고 마음이 통하면 되는 거

아냐?"

"좋아요."

미쓰요는 상담을 마치고 소년원 원장과 앞마당을 거닐었다.

"변호사님, 요즘 일도 바쁘신데 아이들까지 신경 써주시고 참 고맙습니다."

"아닙니다. 제가 좋아서 하는 일인 걸요. 원장님이야말로 수고가 많으시죠."

둘이서 담소를 나누고 있는데 갑자기 한 아이가 오래된 신문 하나를 들고 나타났다.

"무슨 일이니?"

원장은 눈을 동그랗게 뜨며 아이에게 물었다.

"변호사님께 여쭤볼 말이 있어서요."

미쓰요는 다정하게 아이에게 말했다.

"그래, 물어볼 거 있으면 물어봐."

아이는 잠시 머뭇거리더니 이내 말했다.

"변호사님, 중학교 때 할복자살 시도했어요? 도서관에서 옛날 신문 보다가 변호사님 기사가 나와서요."

순간 미쓰요는 당황했다. 옆에 있던 원장은 난처한 표정을 지으며 아이를 나무랬다.

"너 지금 버릇없이 뭐하는 짓이야! 어서 변호사님께 사과 드려.

변호사님, 아이가 큰 실수를 저질렀습니다. 정말로 죄송합니다.”

“아닙니다. 다 지난 일이고 없는 얘기도 아닌데요.”

아이는 머리를 긁적거리며 사라졌다. 원장도 멋쩍은 표정을 지으며 자리를 피했다.

미쓰요는 나무의자에 앉아 하늘을 올려다보았다.

‘그래, 많이 아팠지만 그 시절이 나를 만들었어.’

혼잣말을 중얼거리며 지난날을 잠시 회상했다.

미쓰요는 중학교 때 친구에게 왕따를 당했다. 그 고통은 겪어본 사람만이 안다. 둥그런 테두리에서 튕겨져 나온 느낌, 세상에 나 혼자라는 외로움, 그들의 비웃음 소리로 잠을 이룰 수 없고 모두 다 적이라는 두려움, 네가 못나서 그런 거니 알아서 감당하라는 무관심, 약한 자를 괴롭히는 인간의 악마성. 이 모든 것들이 파릇파릇해야 할 소녀의 꿈과 영혼을 갈기갈기 찢어놨다.

웬만하면 감당하려 했지만 이미 그 선을 넘고 말았다. 마음에는 오직 한 단어로만 가득했다. 그건 바로 ‘죽음’이었다.

“이대로 사느니 차라리 죽는 게 나아. 그들이 원하는 대로 이 세상에서 사라질 거야.”

바람이 부는 날, 미쓰요는 강가로 갔다. 이 모든 것들이 마지막이라 생각하니 강가의 나무와 풀과 꽃들이 달라 보였다.

"그동안 너희들과 인사도 못했구나. 이게 처음이자 마지막 인사가 되겠구나. 너희들은 잘살아라. 남 괴롭히지 말고 알았지?"

곧이어 그녀는 끔찍한 일을 자행했다. 과도로 배를 세 차례 찔렀다. 순식간에 엄청난 피가 쏟아져 나왔다. 고통스럽고 두려웠다. 정신이 점점 혼미해졌다. 죽음의 문턱까지 도달했다. 그러나 때마침 그곳을 지나가던 남자가 있어 그녀는 가까스로 목숨을 보존할 수 있었다.

그 일이 있은 후, 미쓰요는 걷잡을 수 없을 정도로 깊은 나락으로 빠져들었다. 학교 적응에 실패하자 더 이상의 미래도, 꿈도 없었다. 될 대로 되란 식이었다. 그녀가 할 수 있는 일이란 나쁜 친구들과 어울려 인생을 허비하는 게 전부였다.

폭주족 오토바이에 매달려 어두운 밤을 달렸다.

"오빠, 달려! 더 빨리! 지구 끝까지 달려! 오늘 우리 미치는 거야!"

폭주족과 어울려 목숨을 건 질주도 하고 술집에서 술도 마시고 담배도 피웠다. 심지어 마약에도 손을 댔다. 집에도 며칠째 들어가지 않았다. 청소년이 해서는 안 될 온갖 나쁜 짓을 다하며 지냈다.

나쁜 친구들과 어울리다 보니 자연스럽게 야쿠자 조직의 세계까지 발을 담그게 되었다. 그곳에서 조직의 보스를 만났고 그와 결혼하기에 이르렀다. 그때 그녀의 나이 겨우 열여섯이었다.

조직의 일원으로 인정받기 위해 그녀는 등짝에 뱀 문신을 새겼다. 고통 그 자체였다. 그러나 이를 악물었다. 이곳에서만큼은 잘 적응하고 싶었다. 일부러 그녀는 이곳 생활에 젖어들기 위해 더 악랄하고 거친 행동을 일삼았다. 그러나 그 생활 역시 그녀의 마음을 채울 순 없었다. 결혼 6년 만에 이혼하고 야쿠자 생활도 모두 청산했다.

여전히 그녀의 방황은 계속 되었다. 술집에서 호스티스로 일하며 남자들에게 웃음을 팔았다. 몸을 돌보지 않고 폭음과 폭식을 해서 몸은 점점 망가져갔다.

그러던 어느 날, 술집에서 그녀의 미래를 바꾼 소중한 인연을 만났다.

아버지의 친구인 오히라 히로사부로였다.

그녀는 반가운 마음에 "아저씨"하고 불렀다.

"그래, 반갑구나. 네 아버지한테 소식은 들었다. 그동안 많은 일이 있었지? 지금은 여기서 일하니?"

"예."

"그래. 뭐든 열심히 하면 되지. 그런데 애야. 언제까지 이런 일을 계속할 거니? 인생은 말이야……."

"듣기 싫어요. 설교 같은 건 사절이에요."

그녀는 오히라의 말을 싹뚝 잘랐다.

"저 일해야 돼요. 그만 일어날 게요."

다음 날에도 그리고 며칠 후에도 오히라는 그녀를 계속 찾아왔다.

"미쓰요, 난 네가 왜 그런 삶을 사는지 잘 알고 있다. 그렇지만 이 방법은 절대 옳지 않다. 너 자신을 위해서도 좋은 선택은 아니야."

"왜 자꾸 이러세요? 제 인생이니 제 맘대로 살 거란 말이에요. 상관하지 마세요."

"어찌 상관하지 않을 수 있겠니? 어릴 적 기억 안 나니? 너 아저씨 무릎에서 잠들기도 했잖아. 그때 네가 침을 흘리는 바람에 아저씨 옷이 다 젖었잖아."

"하하하. 생각나요. 맞아요. 그때 그랬었죠."

어린 시절의 행복한 기억 때문인지 그녀의 마음이 서서히 열렸다. 그리고 그녀는 자신의 속마음을 오히라에게 털어놨다.

"죽이고 싶어요. 중학교 때 저를 왕따 시킨 그 친구들요. 시간이 흘렀지만 아직도 악몽에 시달려요. 저는 마약도 하고 야쿠자 생활도 했어요. 밑바닥 인생을 살았지만 가장 밑바닥은 바로 그때였어요. 그들을 죽일 수 없으니 이렇게 내 자신을 죽이며 사는 거예요. 아저씨, 앞으로 저는 어떻게 해야 하죠?"

"복수를 하렴."

"복수요? 그들을 죽이란 말인가요?"

"그들보다 더 훌륭한 사람이 되는 거야. 그게 진짜 복수지. 늦지 않았다. 다시 공부하렴. 다시 꿈을 꾸렴. 다시 인생을 살렴."

"정말로 제가 다시 시작할 수 있을까요?"

"물론이지. 매일 아침 눈을 뜨면 해가 뜨잖니. 꿈이 있는 한 매일이 새로운 시작이야."

인생의 멘토라 할 수 있는 오히라의 따뜻한 관심과 응원이 그녀의 마음을 돌려놨다. 그녀의 일그러진 인생을 다시 정상궤도로 올려놨다.

그녀는 일단 자격증 따기에 도전했다. 학교를 제대로 다니지 않아 기초 지식이 없었다. 그렇기 때문에 남들보다 몇 배는 더 많이 노력했다. 맹렬히 공부했다.

성과가 하나씩 나타나기 시작했다. 공인중개사 자격증에 이어 사법서사 자격증까지 따냈다. 그 여세를 몰아 그녀는 그 어렵다던 사법고시에 도전했다. 죽을 각오로 덤비면 안 될 일이 없다고 강하게 믿었다. 밥을 먹는 시간 외에는 오직 공부만 했다. 지난날의 상처와 아픔을 지우기 위해서라도 이를 악물었다.

세상에는 분명 기적이 있다. 그 기적이 바로 그녀에게도 찾아왔다. 사법고시에 합격한 것이다. 그녀는 마침내 과거의 아픔과 상처에서 벗어나 자신을 다시 사랑하게 된 것이다.

미쓰요는 나무의자에서 일어났다. 다시 일터로 돌아갈 시간이었다. 소년원 정문을 나서려는데 저 앞에서 누군가가 다가왔다. 건장한 체격의 청년이었다.

"변호사님."

"어? 나카타구나."

"변호사님, 저 합격했어요. 금방 연락 받았는데 세무사 시험 합격했어요."

"정말이니? 축하한다. 정말 축하해. 내가 그랬잖아. 넌 분명 합격한다고. 손등에 있는 문신은 아무것도 아니라고. 너보다 100배 더 큰 문신을 갖고 있는 나도 합격했으니 너도 해낼 수 있다고 했잖아."

"모두 다 변호사님 덕분이에요."

미쓰요와 나카타는 서로 부둥켜안은 채 펄쩍펄쩍 뛰었다.

얼마나 기쁘고 행복한 일인가. 미쓰요는 벅찬 마음을 주체하지 못한 채 한없이 눈물을 흘렸다.

지나간 과거는 바꿀 수 없지만
미래는 오늘 어떻게 하느냐에 따라 달라진다

과거는 두 가지 얼굴을 하고 있습니다.

첫 번째 얼굴은 현재를 살아가게 하고 미래를 바라보게 하는 밑거름이 되는 선한 얼굴이고, 두 번째 얼굴은 아프고 실패한 기억에 얽매이게 해 앞으로 나아가는 걸 방해하고 끊임없이 정신과 육체를 파괴시키는 악마의 얼굴입니다.

선한 얼굴을 하고 있는 과거라면 별 문제가 되지 않습니다. 비록 쓰리고 아픈 과거라도 그것을 되레 삶의 밑천으로 받아들이고 딛고 일어난다면 더 나은 삶을 살 수 있으니까요. 그러나 악마의 얼굴을 하고 있는 과거에서 벗어나지 못한다면 현재를 살면서도, 미래를 살면서도 과거의 늪에서 여전히 허우적거리는 불행을 겪게 됩니다.

과거의 끈을 과감히 끊을 필요가 있습니다. "이제 그만"이라고 과감히 선언할 용기가 필요합니다.

지금의 생각이 중요하고, 지금의 내가 중요하고, 지금의 사람이 중요합니다. 지금 이 순간에 충실한 것, 그게 바로 행복으로 가는 길입니다.

이미 지나간 것에 대해 자꾸 곱씹으며 현재의 삶을 망가뜨리는 건 어리석은 일입니다.

지금 이 시간, 과거에 대한 미련을 버리고 현재에 집중하십시오. 오늘 하루 무엇을 할 것인지, 어떤 생각을 할 것인지를 고민하면 당신의 인생은 과거에서 멀어질 수 있습니다.

이미 지나간 과거는 바꿀 수 없지만 오늘의 가치는 내가 오늘 어떻게 하느냐에 달렸습니다. 과거와 선을 긋고 지금부터 행복한 미래를 만들어 보십시오.

살아 있는 한
희망의 꽃은 핀다

17

참혹한 삶을 극복하고 희망의 증인 된 사람, 마르틴 그레이

마르틴 그레이는 어쩔 줄 몰라 했다. 그의 허리며 다리에 니콜, 쉬잔느, 샤를, 리샤르까지 네 명의 아이가 매달려 아양을 떨었기 때문이다.

"아빠, 오늘 우리랑 놀면 안 돼?"

"아빠, 동화책 읽어줘. 응?"

"나도 아빠 회사 따라갈 거야."

그는 이러지도 저러지도 못한 채 그저 허허 웃기만 했다. 그러자 옆에 있던 아내가 나섰다.

"애들아. 아빠, 출근해야지. 아침마다 이러면 어떻게 하니? 오늘 아빠가 중요한 약속 있다고 하시잖아. 어서 아빠를 놔줘."

아이들은 울상을 지으며 고개를 내저었다.

"너희들 말 안 들으면 장난감 안 사준다."

엄마의 엄포에 아이들은 마지못해 아빠를 놔줬다.

그는 아이들을 일일이 안아주며 새끼손가락을 걸었다.

"아빠가 이번 일만 잘 끝나면 종일 너희들이랑 놀아줄게. 그러니 울지마. 알았지?"

아이들은 언제 그랬냐는 듯 환하게 웃으며 아빠를 배웅했다.

"아빠, 잘 다녀오세요."

"그래, 엄마 말씀 잘 듣고, 잘 놀고 있으렴."

그는 요즘 무척 행복하다. 사랑스런 아내와 눈에 넣어도 아프지 않을 네 아이와 함께 지내는 지금 이 순간, 더할 나위 없이 기쁘고 평화롭다.

사실 그는 오래 전에 사선死線을 넘어온 사람이다. 지난날의 아픔과 상처로 인해 늘 가슴이 뻥 뚫린 것 같았다. 오래도록 악몽에 시달렸고 우울한 기분은 늘 그의 삶을 지배해왔다. 살아도 사는 게 아니었다.

그런데 사랑하는 한 여인을 만나고 네 명의 자녀를 얻은 후로 지난날의 상처와 아픔이 상당 부분 치유가 되었다.

이 행복이 너무 감사했고 오래도록 지속되길 늘 마음으로 빌었다.

그러나 며칠 후 삶은 그의 바람과는 다른 방향으로 흘러갔다. 유독 그에게만큼은 삶이 지독하고 가혹했다. 애초부터 행복이란 단어는 그에게 어울리지 않았던 걸까.

1970년 10월 3일, 끔찍한 운명이 그의 삶을 관통했다.

그는 아내 디나와 네 아이들과 함께 거실에서 한가로운 한때를 보내고 있었다. 그런데 어디에선가 나무 타는 냄새가 났다.

"그레이, 타는 냄새가 나요."

"그래? 내가 한번 볼게."

그는 창가로 가 창문을 열었다. 뜨뜻한 바람이 창문 안으로 들어왔다.

"어, 왜 이러지?"

그는 시선을 언덕 쪽으로 돌렸다. 그의 두 눈이 휘둥그레졌다. 집 뒤편 언덕에 불이 난 것이다. 불은 꽤 오래전부터 난 듯했다. 검은 연기와 불똥 섞인 연기 기둥이 하늘로 치솟았다. 거대한 괴물의 형상이 성큼성큼 집 쪽으로 다가오고 있었다.

그는 가족들에게 소리쳤다.

"언덕 쪽에서 불이 났어! 어서 피해야 해! 빨리 집 밖으로 나가!"

아이들은 겁에 질린 얼굴로 비명을 질러댔다. 아내는 아이들을 달랬다.

"괜찮아. 엄마 아빠가 있잖아. 울지마."

아내는 아이들을 데리고 밖으로 나갔다. 그리고 집 옆에 세워놓은 자기 차에 아이들을 태웠다.

"그레이, 당신도 어서 타요."

"난 차고에 가봐야겠어. 연료 탱크에 불이 붙으면 안 돼. 당신은 아이들이랑 어서 여길 피해."

"그래요. 그럼 이따 봐요."

아내와 아이들이 무사히 집을 빠져나간 걸 본 후, 그는 차고로 달려갔다. 차고 안은 이미 뜨거운 열기로 가득 찼다. 가까스로 차에 올라탔지만 시동이 걸리지 않았다.

"제기랄!"

그는 오토바이를 탔다. 언덕에서 품어져 나오는 열기는 마치 용광로와 같았다. 오토바이를 타고 인근에 있는 이웃집으로 향했다. 이웃에 사는 노부부가 걱정된 것이다.

"어르신, 어서 피하세요. 이러다 큰일 나요."

"챙길 게 좀 있어서."

이곳도 마찬가지로 생지옥이었다.

"지금 그게 문제가 아니에요. 목숨보다 중요한 건 없어요. 어서요!"

노부부를 안전한 곳으로 대피시킨 후, 그는 가족을 찾아 나섰다. 분명 안전한 곳에서 자신을 기다릴 거라 생각했다.

자욱한 연기를 헤치며 전진했다. 한참을 가는데 골짜기 아래에 차 한 대가 보였다. 눈에 익은 차였다.

"어, 차가 왜 저기에 있지?"

그는 미친 듯이 골짜기로 뛰어내렸다. 아내의 차였다. 차에서 연기가 피어올랐다. 차체는 너무 뜨거워 손도 댈 수 없었다.

그는 서둘러 차안을 살펴봤다. 아내와 네 아이들이 보이지 않았다.

'도대체 이게 어떻게 된 거지? 안전한 곳으로 피한 걸까? 아니

면 무슨 불상사라도······.'

그는 눈물을 쏟으며 외쳤다.

"디나! 니콜! 쉬잔느! 샤를! 리샤르!"

아무리 불러봐도, 목 놓아 불러봐도 아무런 대답이 없었다.

몇 시간 후, 경찰 인력과 헬리콥터까지 출동해 골짜기 인근을 다 뒤졌다. 그러나 소용이 없었다. 헬리콥터 엔진의 굉음 소리뿐 아내와 네 아이들의 존재는 확인할 수 없었다.

그는 야생마처럼 날뛰며 가족을 불렀다.

"디나! 얘들아! 도대체 어디에 있는 거야! 제발 대답 좀 해다오. 제발!"

그는 지친 나머지 바닥에 쓰러지고 말았다. 쓰러진 그에게 한사람이 다가왔다.

그 사람은 침통한 목소리로 그에게 말했다.

"그레이 씨, 안타깝습니다. 아내 분과 아이들 모두······."

"예? 지금 그게 무슨 소리입니까?"

"확인됐습니다. 이미······."

"으아악! 아니야! 안 돼!"

그는 그렇게 가족 전부를 잃었다. 삶의 전부이자 그에게 살아가는 이유였던 가족을 너무나 허무하게 잃고 만 것이다.

그는 하늘을 올려다보며 신을 원망했다.

"도대체 저를 어디까지 떨어뜨릴 셈입니까! 이러고도 제가 살
아야 합니까! 대답해보시라고요!"

그 이후 그는 고통의 나날을 보냈다. 머릿속에 절망과 죽음 외
에 그 무엇도 담을 수 없었다. 밤이면 밤마다 악몽에 시달렸다. 아
내와 네 아이들이 불길 속에서 살려달라고 소리쳤다. 그 악몽은 그
를 예전의 상처와 아픔으로 끌고 갔다.

독일 나치가 유태인을 대학살한 그때 그 장면이 다시금 그의 뇌
리에서 되살아났다.

2차대전이 발발하자 독일군들이 어린 그의 집에 들이닥쳤다.
그는 어머니와 일가친척들과 함께 '죽음의 수용소'로 끌려갔다.
그곳은 한 번 끌려가면 살아서 돌아올 수 없는 곳이었다. 그 수용
소를 벗어나는 방법은 오직 죽음뿐이었다. 죽음의 공포에 사로잡
힌 사람들은 스스로 목숨을 끊는 경우도 있었다. 그는 그곳에서 어
머니와 두 동생을 잃고 말았다. 아버지 역시 독일군이 쏜 총에 맞
아 죽고 말았다. 시체들을 무덤 구덩이로 나르는 일을 하며 지옥
같은 나날을 보냈던 그는 화물기차에 숨어 극적으로 탈출했다.

그는 잠자는 게 두려웠다.

"난 더 이상 살 이유가 없어. 살아갈 힘이 없어. 차라리 죽는 편
이 낫겠어."

죽고 싶은 충동이 하루에 수십 번도 넘게 찾아왔다. 자살이 최고의 선택이라고 생각했다. 테라스 구석에 있는 총이 자꾸 떠올랐다. 테라스로 터벅터벅 걸어갔다. 이제 남은 건 이 세상과의 작별뿐이었다.

그런데 몇 가지 물건들이 그의 눈에 들어왔다. 아이들이 불던 아코디언, 아내가 읽다만 책, 그리고 벽면에 붙어 있는 가족사진이었다. 차마 발길이 떨어지지 않았다. 그는 그 자리에 주저앉았다. 그의 뺨에 한 줄기 눈물이 흘러내렸다.

그때 어딘가에서 막내 아이의 음성이 들려왔다.

"아빠, 일어나요. 이제 울지마요. 우리 잘 있으니 아빠도 잘 지내세요."

아버지의 음성도 들려왔다.

"아들아, 넌 살아야 한다. 반드시 살아야 한다. 우리 몫까지 더 열심히 살아야 한다."

그 음성은 그를 다시금 살게 했다. 생에 대한 작은 희망의 씨앗이었다.

"그래, 살아야 해. 나는 살아야 해."

그는 가혹한 운명의 끈을 과감히 잘라내고 아픔과 상처를 가슴 깊은 곳에 묻고 희망의 한걸음을 다시 내디뎠다.

그의 삶은 그렇게 다시 시작되었다. 가장 먼저 아내의 이름을 딴 디나 그레이 재단을 만들었다. 불우한 어린이들을 돌보고 산불의 피해에서 생명을 지키는 일을 했다. 여러 인권 단체와도 협력하여 어려운 사람들을 도왔다.

그리고 절망의 늪에 빠져 허우적거리는 이들에게 작게나마 희망을 주고자 자신이 살아왔던 삶을 책으로 엮었다. 그의 책은 많은 이들에게 희망을 주었다.

어느 날, 서점 휴게실에서 휴식을 취하고 있는데 목발을 짚은 한 남자가 그에게 다가왔다.

"혹시, 마르틴 그레이 선생님 아니신가요?"

"예. 맞습니다."

"아, 정말로 반갑습니다. 선생님의 책을 읽은 적이 있습니다. 참으로 감명 받았습니다. 실례가 안 된다면 사인 좀 받을 수 있을까요?"

"예. 물론이죠. 그나저나 다리가 좀 불편하신 것 같네요."

"작년에 교통사고를 당했어요. 삶이 완전히 엉망이 되었는데 선생님 책을 읽고 다시 힘을 얻었어요. 선생님 덕분에 열심히 살고 있습니다."

"그래요. 당연히 그래야죠. 회복하면 더 열심히 뛰어다니세요. 다른 사람의 몫까지요. 아셨죠?"

그는 서점 밖으로 나왔다. 한 걸음, 한 걸음 천천히 걸으며 하늘을 올려다보았다.

햇살이 반짝거렸다. 그 햇살이 어찌나 따사로운지 그는 눈을 감은 채 그 자리에 멈춰 섰다. 한동안 그렇게 서 있었다. 살아 있음을 느끼며.

역경 너머의 삶,
그 삶을 두려워하지 말고 당당히 받아들여라

역경은 일순간에 모든 것을 뒤흔들어놓습니다. 일상을 산산조각내고 영혼을 사막처럼 피폐하게 만들고 소중한 사람을 빼앗아가기도 합니다.

우리는 살면서 숱한 역경을 겪게 됩니다. 그렇다고 겁먹을 필요는 없습니다. 미리 좌절할 필요도 없습니다. 역경 뒤에는 늘 불행만 있는 게 아니기 때문입니다.

심리학자인 피터 위벨는 자신의 저서 『극복의 힘』에서 이렇게 말했습니다.

"역경이 닥쳐온 순간 소중한 것들이 선명하게 펼쳐진다."

그렇습니다. 역경을 겪은 사람들은 인생에서 소중한 가치들을 새롭게 발견할 수 있는 눈을 갖게 됩니다.

작은 것에 대한 만족, 살아 있음에 대한 감사, 인연의 소중함 등등 평소에는 거들떠보지 못한 것들, 별 관심을 주지 않은 것들이 눈에 들어오기 시작합니다.

겨울 뒤에 봄을 맞이하면 그 따사로운 햇살의 고마움을 알듯 비로소 모든 것이 행복으로 보이는 그런 순간이 찾아옵니다. 아울러 더 강하고 단단해진 자신을 만날 수 있습니다.

어떤 역경이 닥쳐도 스스로 치유할 수 있는 회복력이 있음을 믿게 됩니다. 그러니 역경 너머의 삶, 그 삶을 두려워하지 말고 당당히 받아들여야 합니다.

사람을 위한 일은
언젠가 빛을 보게 된다

18

기적을 만든 MK택시 창업자·유봉식

"고향 남해보다는 일본에 더 많은 기회가 있을 거야. 그래, 일본으로 건너가자."

1943년 열다섯 살 유봉식은 무작정 현해탄을 건너 일본 교토로 갔다. 어린 나이인데도 그가 과감히 일본행을 결정한 건 가슴속에 누구보다도 큰 야망이 있었기 때문이다. 남해라는 작은 섬은 그의 야망을 받아주기에 너무 작았다.

교토는 활기차고 생동감이 넘쳤다. 거리의 사람들은 뭐가 그리 바쁜지 정신없이 걸어 다녔다. 사람들 역시 구름떼처럼 북적였다. 태어나서 이렇게 많은 사람들을 본 건 처음이었다.

"와, 저 사람들은 다들 뭐하면서 먹고 살지? 왜 이렇게 바쁜 거야?"

그는 한나절 내내 사람 구경만 했다. 밤이 되자 교토 시내는 휘황찬란한 네온사인으로 눈부시게 빛난다.

"신천지가 따로 없네."

그는 길거리를 헤매다가 교토에서 가장 높은 건물의 옥상으로 뛰어 올라갔다. 교토 시내가 한눈에 들어왔다. 한참을 내려다보더니 갑자기 난간 위로 올라섰다. 자칫 발을 헛디디면 아래로 추락할 수 있는 아찔한 상황이었다. 그러나 그는 두려움 없이 꿋꿋하게 섰다. 그리고 두 주먹을 불끈 쥐고 목청껏 외쳤다.

"세상아, 기다려라! 유봉식이 간다! 일본은 내 것이다! 나는 할 수 있다!"

그의 가슴은 벅찼다. 지금 당장이라도 모든 것이 뜻대로 다 될 것만 같았다. 그러나 현실은 생각과는 달랐다. 냉정하고 혹독했다. 특별한 기술도 없는 그가 타국에서 할 수 있는 일은 그리 많지 않았다.

선택의 여지가 없었다. 막노동판에 뛰어들었다. 아침부터 늦은 오후까지 계단을 오르며 등짐으로 벽돌을 날랐다.

"이 녀석아! 아직도 그것밖에 못했어? 벽돌을 제때 공급해줘야 벽을 쌓아올릴 거 아냐."

"여태 한 번도 쉬지도 않고 날랐어요. 아직까지 점심밥도 먹지 않았단 말이에요."

일본인 미장장이는 버럭 화를 내며 흙손을 그에게 던졌다.

"어린 것이 어디서 말대꾸야! 하여간 동물들하고 조선놈들은 말로 해선 안 돼!"

그의 얼굴이 날카로운 흙손 끝에 찢겼다. 얼굴에서 피가 흘렀다. 수건으로 피를 닦아냈다. 금방이라도 눈물이 터질 것만 같았지만 꾹 참았다. 여기는 일본이 아니던가. 운다고 한들 위로해줄 사람이 아무도 없다는 걸 잘 알았기에 눈물을 꿀꺽 삼켰다.

종일 고된 일을 하느라 몸은 천근만근이었지만 그래도 밤잠을 줄여가며 공부를 했다. 일본 땅에서 제대로 대우 받기 위해선 학식을 갖춰야 한다고 생각했다. 하루걸러 코피를 쏟았지만 일과 공부 둘 중 하나를 포기할 수 없었다. 낮에는 뙤약볕에서 일하고 밤에는 희망을 밝히며 공부했다. 노력은 헛되지 않았다.

마침내 그는 교토의 명문대학 법학부에 입학할 수 있었다.

"이제 됐어! 사법고시에 합격해서 꿈도 이루고 한국인의 위상도 높일 거야."

하지만 여전히 일본에서 한국인으로 산다는 게 쉬운 일이 아니었다. 일본 친구며 교수며 다들 비아냥거렸다.

"백날 공부해봐. 어차피 넌 안 돼. 조선인은 법조계로 진출할 수 없어."

"사법고시에 합격한다고 해도 대우는 달라지지 않아. 그 조센징의 피가 어디 가겠니. 나중에 좌절하지 말고 지금 당장 그만둬."

차별과 멸시는 점점 심해졌다. 이끌어주는 이는 아무도 없었고, 그렇다고 실력으로 정정당당히 겨룰 수 있는 환경도 아니었다. 결국 그는 졸업을 1년 남겨두고 대학을 중퇴하고 말았다.

그 후, 직물회사에 취직을 했지만 그곳에서도 역시 차별을 당했다.

"벌써 점심시간이네. 밥 먹으러 갑시다."

일본인 동료들은 자기네들끼리만 어울려 식당에 갔다. 그는 혼자 구석진 곳에서 도시락을 까먹었다. 이 정도의 차별은 문제도 아니었다. 그러나 참을 수 없는 차별이 있었다. 바로 불평등한 보수였다.

그는 남보다 몇 곱절은 열심히 일했다. 그러나 윗사람에게 인정받기는커녕 동료들보다 낮은 보수를 받아야 했다.

"사장님, 왜 저는 남들보다 보수가 적은 겁니까?"

"그 이유를 몰라서 묻어? 자네가 더 잘 알 것 아닌가."

"그게 무슨 말씀입니까?"

"나니까 자네를 받아들인 거지. 누가 조선 사람을 직원으로 쓰겠나? 잔말 말고 일이나 열심히 해."

그는 시도 때도 없이 조선인이란 이유로 좌절을 맛봐야 했지만 그러면 그럴수록 성공에 대한 열망은 더욱 뜨거워졌다.

1960대 초, 그는 사업을 하고자 결심했고 곧바로 실행에 옮겼다. 그동안 모아둔 돈으로 택시 열 대를 샀고 마침내 'MK'라는 택시 회사를 열었다.

그는 스스로에게 약속했다.

"열심히 일한 자는 정당한 대우를 받게 하고, 가난하건 부자건 장애를 가졌건 일반 사람이건 외국인이건 자국인이건 모든 고객들에게 차별 없는 서비스를 제공할 거야."

낯선 땅에서 심한 차별과 인간적인 모멸감을 당했지만 오히려 그것이 '사람을 위한 기업'을 만들어내고자 하는 기업의 이념이 되었다.

경영 방식은 기존 택시 회사와의 차별화를 꾀했다. 이미 누군가가 걸어왔던 길을 답습한다면 그 사람을 뛰어넘을 수 없다는 걸 그는 알았다. 고민한 끝에 가장 기본이면서 강력한 힘인 '친절과 진심'을 차별화 전략으로 잡았다.

그러나 사람을 다루는 일은 그리 쉽지 않았다. 기사들은 지각을 밥 먹듯이 하고 결근도 잦았다. 새로운 직원들로 싹 바꿀까 하다가도 사장이라고 해서 마음대로 해선 안 된다고 생각했다.

"그래, 사람을 기계 부품 바꾸듯 함부로 해서는 안 되지. 일단 내가 생각한 대로 그들을 교육시키자."

그는 조회 시간마다 기사들을 모아놓고 교육시켰다.

"저희 회사는 고객에게 진심으로 다가가야 합니다. 마음에서 우러나오는 친절 말입니다. 친절도 연습이 필요합니다. 거울 보며 인사하는 연습은 매일 하고들 있죠? 짐이 많다고, 노인이라고, 가까운 거리라고, 몸이 불편하다고, 특히 재일교포라고 승차거부를 한다면 누차 말하지만 그 직원은 당장 해고할 겁니다. 보잘것없는 택시지만 이 택시를 타는 순간 세상은 평등하고 나도 사랑 받을 자격이 있다는 것을 손님이 느끼도록 해야 합니다. 자, 그럼 오늘도 '어서 오세요. 친절히 모시겠습니다. MK택시입니다'를 열 번씩 외치도록 하겠습니다."

기사들은 건성으로 따라했다. 그리고 자기네들끼리 모여 투덜 거렸다.

"그러지 않아도 지금 장사가 안 돼 죽겠는데 노인네들과 장애 인을 태우라고? 회사 시작하자마자 망하려고 환장했군."

"역시 조센징은 머리가 나빠. 이런 식으로 해서 언제 돈을 벌려 고."

그러나 그는 자신의 신념을 포기하지 않았다. 곧바로 실행으로 옮겼다. '장애인 우선'이라는 스티커를 차창에 붙이게 하고 요금 도 10퍼센트 할인하기로 한 것이다. 그뿐만 아니라 친절하지 않으 면 택시 요금도 받지 않겠다고 선언했다. 다들 곧 MK택시는 망할 거라고 떠들어댔다. 실제로 MK택시는 경영악화로 자금난에 시 달리기도 했다. 그러나 그는 자기만의 경영방식을 끝까지 꺾지 않 았다. 오히려 그는 더욱 놀라운 결단을 내렸다.

"기사님들을 오늘 다 모이라고 한 것은 중대 발표를 할 게 있어 서입니다. 기사님들은 택시 회사를 어떻게 생각하십니까? 더 좋은 직장이 생기면 언제든지 떠날 수 있는, 잠시 머무는 곳으로 생각하 실 겁니다. 그러나 오늘부터는 이곳을 최고의 직장으로 생각하게 만들 것입니다. 월급을 두 배로 올리도록 하겠습니다. 비행기 조종 사와 맞먹는 월급을 드리겠습니다."

기사들은 믿을 수 없다는 듯 고개를 갸웃거렸다.

그의 파격적인 결단은 계속되었다.

어느 날, 그는 기사들의 사는 모습을 보고 싶어서 한 기사의 집을 방문했다.

"사장님. 갑자기 이곳은……."

"어떻게 사는지 궁금해서 한 번 왔습니다. 실례가 아닌지 모르겠네요."

"아닙니다. 집이 좁습니다. 안으로 들어오세요."

집은 정말로 좁았다. 단칸방에 기사 내외와 아이 셋 그리고 할머니까지 살고 있었다.

"오늘 근무가 아닌데 편히 좀 쉬어야죠?"

"말씀은 고맙습니다. 그런데 상황이 이렇다 보니 쉬질 못합니다."

다른 기사들의 집도 사정은 마찬가지였다. 그는 열악한 환경에서 살고 있는 가사들에게 좋은 환경을 제공하고 싶었다. 그래서 또다시 중대 결단을 내렸다. 기사들에게 주택을 제공하기로 한 것이다.

그의 결단은 옳았다. 기사들은 애사심이 강해졌고 교육 받은 대로 손님들에게 친절서비스를 진심으로 제공했다.

"MK 택시입니다. 감사합니다. 어디로 모실까요? 교토역으로 가는 것 맞으시죠? ……다 왔습니다. 잊으신 물건은 없습니까? 혹시 제가 친절하지 않았다고 느끼신다면 요금을 주지 않으셔도 됩니다.”

“아닙니다. 기사님 덕분에 편히 왔습니다. 이렇게 친절하시니 다른 택시를 탈 수가 없다니까요.”

그의 진심은 서서히 빛을 보기 시작했다. 시민들은 친절한 MK택시를 자주 이용했고 회사 형편은 점점 나아졌다. 그뿐만 아니라 세계적인 시사 잡지 「타임」지가 선정한 최고의 서비스 회사로 선정되었다. MK택시는 친절의 대명사가 된 것이다. 그 명성은 러시아 대통령인 고르바초프가 일본 방문 시 외무성에서 제공한 관용차를 거부하고 MK택시를 탈 정도였다.

지금 MK택시는 석유는 물론 건설, 화물, 부동산 등 10여 개의 사업체를 거느린 거대 그룹으로 성장했다.

조선인이라는 이유로 일본땅에서 차별과 멸시를 받았지만 그 차별을 딛고 경영의 차별화로 일본인을 놀라게 하고 감동을 시킨 그, 그가 바로 사람만이 최고의 재산이라고 믿고 있는 ‘유봉식’ 회장이다.

친절한 말 한마디에는
인생을 바꾸는 위대한 힘이 있다

A 가게와 B 가게가 있습니다.

똑같은 물건에, 똑같은 가격이라면 당신은 어느 가게에 들어가겠습니까? 이왕이면 친절을 베푸는 가게로 가겠지요. 사람들은 누구나 대접받길 원합니다. 상냥한 말투, 다정한 인사, 부드러운 서비스를 싫어할 사람은 아무도 없습니다.

성공한 가게를 보면 마음속에 고객에 대한 감사와 친절이 몸에 배어 있습니다. 제아무리 많은 돈을 쏟아 부어 홍보를 한다 해도 친절이 없다면 그건 헛돈을 쓰는 것입니다.

대문호 톨스토이는 친절에 대해 이렇게 말했습니다.

"친절은 세상을 아름답게 한다. 모든 비난을 해결한다. 사람들 사이의 오해를 풀어 관계를 부드럽게 만들 뿐 아니라 어려운 일도 수월하게 만든다. 어두웠던 마음에 밝은 빛을 비춰 기쁨을 안겨주기도 한다."

친절은 상대방에 대한 배려이고 예의입니다. 그러나 간혹 친절을 자신의 자존심을 낮추는 비굴한 행동이라 생각하는 사람들이 있습니다. 그건 착각입니다. 친절은 오히려 내 이미지를 좋게 알릴 수 있는 수단이며 또한 내 인격과 위상을 올려주는 최고의 선물입니다.

작은 미소, 친절한 한 마디, 따뜻한 손길…… 이러한 것들을 과소평가하지 마십시오. 사람을 위한 일은 사소한 일일지라도 인생을 바꾸는 위대한 힘이 있습니다.

그럼에도 불구하고
삶은 아름다워야 한다

·

19

집념 하나로 장애를 극복한 외팔 드러머 릭 앨런

그럼에도 불구하고
삶은 아름다워야 한다

띵동! 띵동!

불이 날 정도로 계속해서 초인종 소리가 울렸다.

"앨런 씨, 안에 계십니까?"

"잠깐 얼굴 좀 보여주세요."

띵동! 띵동!

잠시 초인종 소리가 멈추는가 했더니 다시 또 요란하게 시작되었다. 대문 밖에서 사람들의 목소리가 들려왔다.

"앨런 씨, 지금 심정을 말씀해주세요. 괜찮은 건가요? 사람들이 궁금해 하고 있습니다. 문을 열고 당신의 모습을 보여주십시오."

"지금 어떻게 지내고 있죠? 한마디만 해주세요."

며칠 전부터 릭 앨런의 집 앞에는 신문기자와 방송기자들이 진을 치고 있었다. 앨런의 상태를 확인하기 위해서다.

집안에 있던 앨런은 깊은 한숨을 내쉬며 짜증스러운 말투로 말했다.

"도대체 다들 왜 이러는 거야! 내가 동물원 원숭이야!"

띵동! 띵동!

다시 또 초인종 소리가 들렸다. 앨런은 도저히 참을 수 없어 창문을 열고 소리쳤다.

"다들 돌아가란 말이에요! 제발 좀!"

앨런의 모습이 보이자 여기저기에서 카메라 플래시가 번쩍번쩍 터졌다. 앨런은 미간을 찌푸리며 창문을 닫았다. 그리고 혼잣말로 중얼거렸다.

"다 끝났어. 이제 다 끝났어."

밤이 되자 기자들이 하나둘 돌아갔다. 며칠 만에 고요가 찾아온 것이다. 앨런은 여전히 거실 한구석에 쪼그리고 앉아 있었다.

그때 초인종 소리가 울렸다. 그리고 한 남자의 목소리가 들렸다.

"앨런, 나야. 어서 문 열어."

드디어 대문이 열렸다.

"앨런, 살아 있었구나? 얼마나 걱정했는지 몰라."

앨런을 찾아온 남자는 같이 음악을 하는 친구였다.

"뭐 하러 왔어? 여긴 희망도 없는 무덤이야."

"그게 무슨 소리야? 이제 그만해. 다시 시작하면 되잖아. 네가 잃은 건 한쪽 팔이지, 인생 전체가 아니란 말이야."

"너 지금 그걸 말이라고 해? 난 드러머야. 드러머가 팔 하나를 잃었어. 그건 인생 전체를 잃은 거나 마찬가지란 말이야. 어서 돌아가. 다 보기 싫어."

"넌 할 수 있어. 앨런. 너니까 할 수 있단 말이야. 넌 드러머야. 넌 드럼 없이 넌 못사는 애잖아."

앨런은 고개를 돌려 창밖을 바라보았다. 그의 눈망울에 눈물이 고였다.

릭 앨런은 열다섯 살 때 '데프 레퍼드'라는 그룹에서 드럼을 쳤다. 드럼 실력은 타의 추종을 불허할 정도였다. 드럼을 칠 때는 드럼 스틱이 보이지 않을 만큼 자유자재로 움직였다. 손놀림이 빠르면 실수를 하기 마련인데 그는 거의 실수를 하지 않았다. 빠른데다 정교함마저 있었다.

사람들은 그의 드럼 치는 모습에 열광했고 그룹도 서서히 이름을 알리기 시작했다. 이후 세 장의 음반을 연달아 히트를 시키며 나름대로 자리를 잡은 탄탄한 그룹이 되었다.

그의 인기를 하늘이 시기한 걸까.

그에게 뜻하지 않는 사고가 발생했다. 1984년 12월, 연말 분위기를 내기 위해 그는 자신의 스포츠카를 타고 바람을 가르며 도시를 질주했다.

그 순간이었다. "쾅"하는 굉음이 도시 전체에 울렸다. 빠르게 달리던 차가 그대로 벽을 들이받은 것이다. 차는 벗어놓은 청바지처럼 구겨졌고 앨런은 의식을 잃은 채 혼수상태가 되었다. 다행히 죽음 문턱에서 가까스로 목숨을 건질 수 있었다. 목숨은 건졌지만 끔찍한 일이 기다리고 있었다.

"어? 내 왼팔! 내 왼팔이 어디 갔지? 도대체 이게 어떻게 된 겁니까? 의사 선생님, 도대체 내 왼팔이 어디로 간 거냔 말입니다!"

그렇게 그는 교통사고로 왼팔을 잃고 말았다.

앨런은 창문 옆에 서서 몇 시간째 꿈쩍도 하지 않았다. 뭘 해야 할지 몰랐다. 그저 멍하니 밖을 내다보는 게 그가 할 수 있는 일의 전부였다.

그런데 그때 조금 열린 창문 틈으로 음악소리가 들려왔다. 지나가던 차에서 흘러나온 음악인데 바로 자신이 참여한 그룹의 노래였다. 그 노래는 절망의 터널 속으로 들어온 한 줄기의 빛이었다.

"아직도 내가 이 세상에 존재하는구나. 노래가 살아 있어. 내가 살아 있어."

앨런은 오른손 주먹을 불끈 쥐었다.

"다시 시작하는 거야. 한 손을 잃었으니 두 배 더 열심히 연습하면 돼."

다음 날, 그는 세상 밖으로 나왔다. 마음을 고쳐먹으니 갑자기 마음이 급해졌다. 그는 서둘러 연습실로 갔다.

"잘들 지내고 있었니?"

"어? 앨런!"

"앨런! 드디어 네가 돌아왔구나. 그럴 줄 알았어. 넌 여기에 있어야 해. 그게 어울려."

"환영한다. 자, 저기 네 자리야. 어서 드럼 소리 좀 들려줘."

앨런은 허탈한 웃음을 짓으며 말했다.

"내가 여기 오긴 했지만 드럼을 다시 칠 수 있을진 모르겠다."

"야, 왜 못해? 아직 한쪽 팔이 남아 있잖아. 드럼은 원래 한 손으로 치는 거야. 안 그래?"

"정말 그렇게 생각하니? 정말로 될까? 그래, 한 번 해보자."

그렇게 앨런은 다시 드럼채를 잡았다. 한 팔로 드럼을 친다는 건 역시 쉬운 일이 아니었다. 한 팔로 치는 게 익숙하지 않아 자주 드럼채를 바닥에 떨어뜨렸다. 그 모습을 볼 때마다 동료들은 마음이 아팠지만 일부러 모른 척 했다. 앨런 역시 괜찮다는 듯 드럼채를 다시 잡고 드럼을 쳤다.

참으로 힘든 시간이었다. 예전과 같이 빠른 속도와 정확한 소리를 내기 위해 앨런은 하루 여덟 시간 이상 드럼을 쳤다.

"앨런, 아직도 연습해? 너 집에 안 들어간 거야?"

"내가 집이 어디 있냐? 이제 연습실이 내 집이야."

"그래도 너무 무리는 하지 마. 이러다 쓰러지겠다."

"쓰러지면 다시 일어나면 되잖아. 그리고 나 때문에 너희들이 피해를 입으면 안 되잖아. 우린 그룹인데 조화를 잘 이뤄야지. 예전 실력을 만회하려면 난 아직 멀었어."

앨런의 열정적인 모습에 동료들은 눈시울이 붉어졌다.

그렇게 피나는 연습을 한 결과, 1년 후 앨런은 예전 실력을 다시 회복할 수 있었다.

"앨런, 이제 됐어. 이 정도면 충분해."

"정말? 너희들 다 그렇게 생각해?"

"물론이지. 이제 사람들에게 너의 실력을 보여줘야지. 안 그래?"

마침내 그룹 '데프 레퍼드'는 재기 앨범 'Hystseria'를 발표하고 관객과의 첫 만남을 가졌다.

"앨런, 이제 5분 후면 공연이야. 괜찮겠어?"

"괜찮지 그럼."

괜찮다고 말은 했지만 마음속으론 무척 떨리고 두려웠다. 과연 잘해낼 수 있을까, 관객들은 내 모습을 어떻게 생각할까, 재기에 성공할 수 있을까 머릿속이 복잡했다.

드디어 공연 시간이 되었다. 무대 중앙으로 멤버들이 하나둘 나갔다. 그리고 마지막으로 앨런이 무대로 나갔다. 앨런의 등장에 관객들은 환호하며 박수를 쳤다.

"와, 앨런이다!"

"돌아올 줄 알았어! 앨런 파이팅! 앨런 만세!"

관객들은 앨런에게 뜨거운 환영과 격려를 쏟아냈다. 그러나 그 환영과 격려 속엔 동정심이 녹아 있었다. 한쪽 팔로 드럼을 친다는 게 안타까웠다.

그러나 공연이 시작되자, 관객들의 마음은 동정심에서 존경으로 바뀌었다. 예전 실력이 그대로 살아난 것이다.

관객들은 일제히 자리에서 일어나 열광했다.

"릭 앨런! 릭 앨런! 릭 앨런!"

공연 내내, 릭 앨런을 연호하는 소리가 계속되었다.

한쪽 날개를 읽은 새가 하늘 높이 다시 비상하는 순간이었다. 그 앨범은 1,200만 장이라는 기록적인 판매고를 올리며 대성공을 거뒀다.

릭 앨런은 여전히 음악을 하고 있고, 여전히 한 팔이다. 또한 그는 여전히 인간이 얼마나 강하고 아름다운지 느끼며 살고 있다. 음악과 함께, 드럼과 함께.

어떤 일을 그만두기 전에
온 힘을 쏟았는지 다시 한 번 돌아보아라

피아노 연주가 이희아 양을 아십니까?

그녀의 키는 고작 1미터 남짓. 무릎 아래로 가늘게 달려 있던 다리는 세

살 때 절단했습니다. 그리고 피아노 연주에는 치명적인 네 개의 손가락

을 가지고 있습니다. 하지만 그녀는 그 누구보다 피아노를 잘 칩니다.

매년 감동을 전하는 연주회를 개최하고 있습니다.

첼리스트 아오키 주로를 아십니까?

90세에 가까운 고령이지만 놀라운 연주 실력으로 '바흐 연주곡' 음반

을 냈습니다. 그는 나이에 굴복하지 않고 영원한 현역으로 살아갑니다.

하나에 정통한 사람들은 우리가 범접할 수 없는 대단한 힘이 있습니다.

그 힘은 대체 어디서 오는 걸까요? 바로 노력에서 오는 겁니다.

이희아 양은 네 손가락에 물집이 잡히도록 매일 피아노를 쳤고, 아오키 주로는 하루도 거르지 않는 연습으로 인해 갈비뼈가 두꺼워져 엑스레이를 찍어도 폐가 보이지 않을 정도라고 합니다.

남보다 더 잘하고 싶다면, 남보다 더 앞서가고 싶다면 다른 게 없습니다. 비록 내 조건이 좋지 않을지라도 남보다 더 많이 노력한다면 결국 잘할 수 있고 앞서갈 수 있습니다. 땀은 흘린 만큼 정확히 자신에게 돌아옵니다. 이것은 성공을 경험한 사람들이 공통적으로 말하는 성공의 제1법칙입니다.

왜 나에게는 좋은 환경, 좋은 조건이 없는 걸까 불평하기 전에, 어떤 일을 그만두기 전에 내가 그 일에 얼마만큼 힘을 쏟았는지 다시 한 번 뒤돌아봐야 할 것입니다.

가슴속 꿈은 담아두지 말고
어서 꺼내야 해

20

"이 녀석아, 그 물건 빨리 저쪽으로 운반해."

"예. 사장님."

동이 트자마자 슐리만은 일을 하기 시작했다. 작은 소매점이지만 늘 이곳은 분주했다. 물건을 사려는 사람들이 끊임없이 들락거렸다.

"이 손님이 먼저 왔으니까 먼저 계산할게요. 뒤에 계신 분! 너무 밀지 마세요. 차례차례 계산할 테니까 조금만 기다려주세요."

돈 계산에 물건 운반까지 슐리만은 정신이 없었다.

식사도 때를 넘기는 게 보통이었고 마음 편히 먹지도 못했다.

"아직도 먹고 있어? 그렇게 느긋하게 먹고 일은 언제 할 거야?"

"잠깐만요. 빨리 먹을게요. 거의 다 먹었어요."

새벽녘부터 늦은 밤까지 쉴 틈도 없이 일하다 보니 몸 여기저기가 쑤시고 아팠다. 그래도 이렇게 일을 할 수 있다는 게 다행이었다. 아버지마저 목사직에서 해고를 당해 가정형편이 어려운 상황이라 자기 밥벌이는 자기가 해야 하는 상황이었다.

그러던 어느 날, 일을 하다가 그만 피를 토하며 쓰러지고 말았다.

"슐리만, 너 왜 그래?"

"괜찮아요. 좀 쉬면 될 거예요."

"내가 보기에는 보통일이 아니다. 너 쉬어야겠다. 내일부터는 나오지 마라."

선천적으로 몸이 허약했던 슐리만은 일을 견뎌내지 못했다. 결국, 일을 그만둬야 했다. 그렇다고 이대로 손을 놀릴 수만은 없었다.

힘이 덜 드는 일을 찾던 중, 범선의 선실 보조원 자리를 구할 수 있었다.

1841년 11월 범선은 함부르크 항구를 출발했다.

슐리만은 마치 자신이 이 범선의 선장이 된 것처럼 갑판 위로 올라와 파도치는 바다를 바라보며 멋진 포즈를 취했다. 드넓은 바다를 보니 가슴이 확 트이는 것 같았다.

항해는 계속 되었다. 높은 파도로 인해 밤새도록 범선이 출렁거렸다. 잠을 통 잘 수가 없었다. 그렇지만 소매점에서 일할 때보다는 덜 힘들었다.

항구를 떠난 지 보름째가 되던 날, 큰 사고가 터지고 말았다. 폭풍우에 범선이 그만 난파하고 만 것이다. 바닷물에 빠진 슐리만은 허우적거리며 소리쳤다.

"사람 살려! 사람 살려!"

소리를 지르다 정신을 잃고 말았다.

한참 후 눈을 떴을 때 슐리만은 안도의 한숨을 내쉬었다. 상어밥이 되어 있을 줄 알았는데 다행히 구조가 된 것이다. 가까스로 정신을 차린 슐리만은 몇 걸음 걷지도 못하고 바닥에 주저앉고 말았다.

"내 인생은 도대체 왜 이런 거야! 내가 뭘 잘못했다고 이러는 거야!"

허탈한 마음에 하늘을 향해 고함을 질렀다. 하늘은 아무런 답을 주지 않았다. 그렇지만 하늘은 그에게 어렸을 때의 기억을 가져다 주었다.

"아빠, 저 구름 좀 봐. 말처럼 생겼어."

"그렇구나. 저 구름은 꼭 배처럼 생겼구나."

"어, 정말 그렇네. 그런데 아빠, 트로이 성은 왜 없는 거야?"

"트로이 성? 갑자기 그건 왜 묻니?"

"지난번 크리스마스 때 아빠가 『어린이를 위한 세계사』란 책을 사줬잖아. 거기서 트로이 전쟁에 대해 읽었어. 트로이 성은 어디에 있는 거야?"

"트로이 성은 없어. 그건 그림 작가가 상상해서 그런 거야."

"상상? 아닌 것 같은데. 그림 작가가 분명 보고 그렸을 거야. 아빠, 혹시 트로이 성이 땅에 묻혀 있는 건 아닐까?"

"말도 안 되는 소리 그만하고 어서 자거라."

그날 밤, 슐리만은 마음속에 꿈 하나를 품게 되었다. 그건 바로 어른이 돼서 꼭 트로이 성벽을 찾아내는 거였다.

하늘에 대고 소리를 친다고 한들 뭐가 달라지겠는가. 달라질 건

하나도 없다. 스스로 달라지지 않는 한 세상도 달라지지 않고 자신의 미래도 달라지지 않는다.

슐리만은 달라지기로 했다. 그리고 또 하나 생각했다. 살다 보면 불행한 일을 수도 없이 겪을 텐데 그때마다 좌절할 수만은 없다는 것. 그러기 위해서는 좌절을 극복할 만한 그 무언가를 가슴에 담고 살아야 한다는 것이었다. 그것은 바로 꿈이었다. 트로이 성을 반드시 찾겠다는 꿈. 맹랑하고 황당한 꿈이긴 하지만 그것을 인생 최대의 숙제이자 야망으로 품기로 했다.

그 꿈이 다시 슐리만을 일으켜 세웠다.

"그래, 지금 가장 밑바닥까지 떨어졌으니 이제 올라가는 일만 남았어. 생활에 쫓겨 사는 게 아니라 꿈을 쫓아 사는 거야."

꿈의 힘으로 재무장을 한 슐리만은 하루하루 열심히 살았다. 꿈을 품고 살다 보니 어려운 일을 겪게 되더라도 금세 일어날 수 있었다.

일하면서 틈틈이 꿈을 향한 발걸음 내디뎠다. 추운 다락방에서 새벽별을 보며 다양한 외국어를 공부했다. 영어, 프랑스어, 이탈리아어, 포르투갈어 등을 차례로 익혔다. 그뿐만 아니라 역사서나 문학서 등을 닥치는 대로 읽었다. 발굴에 필요한 자료도 열심히 수집했다.

세월이 흘러 어느덧 그의 나이는 마흔을 바라보고 있었다. 그동안 그는 참으로 열심히 일했다.

어느 날, 그가 일하던 무역상점 주인이 그의 러시아 실력을 알아보고 그를 러시아 상트페테르부르크로 파견을 보냈다. 거기서 그는 인디고 수입업자로 자리를 잡았다. 그리고 1854년 크림 전쟁이 일어나자 그는 사업가 기질을 십분 발휘했다. 무기류를 군대에 납품했고 귀중품만을 취급하는 상점에 모피, 금 등을 거래했다. 그의 무역 사업은 대성공을 거뒀다. 엄청난 부를 축적한 것이다.

"이 정도 돈이면 충분해. 꿈을 향한 모든 준비는 끝났어. 이제 본격적으로 나서는 거야."

오직 꿈에만 집중하고자 과감히 일과 돈을 모두 버렸다. 업무용으로 사용했던 배마저도 불에 태워버렸다.

슐리만은 일단 견문을 넓히고자 미국, 인도, 이집트, 중국 일본 등 여러 나라를 돌아다녔다. 그곳에서 현지인들과 만나 세상 돌아가는 이야기도 나누고 현지인들의 말도 배웠다. 물론 고대 유적지에 대한 공부도 게을리 하지 않았다. 서서히 고고학자로서의 모습을 갖춰나갔다.

마침내 슐리만은 옛 문헌과 어릴 때 읽었던 책들을 토대로 트로이 성을 찾기에 이르렀다. 전설과 상상 속에만 존재한다는 트로이 성을 찾는다는 게 쉬운 일이 아니었다. 성이 있을 만한 곳을 여러 군데 돌아다녀 봤지만 모든 게 헛수고였다. 막연하고 답답한 날의 연속이었다. 그런데 그를 더더욱 힘들게 하는 요소가 있었다. 바로 기존 고고학자들의 냉소적인 비판과 야유였다.

"고고학의 고자도 모르는 무식쟁이가 뭘 안다고 땅을 파?"

"상상과 현실도 구분 못하는 주제에 트로이 성을 발굴하겠다고? 기가 막혀서!"

"제대로 교육도 받지 않은 사람이 뭘 안다고 나서는 거야!"

그럴수록 슐리만은 꿈의 작업에 더욱 박차를 가했다. 허무맹랑한 꿈이 아니라는 걸 반드시 증명하고 싶었다.

"그래, 여기야. 여기가 분명해! 이 언덕이 분명해!"

1870년 4월 어느 날, 슐리만은 확신에 찬 한 마디를 내뱉었다.

드디어 히사를리크 언덕에서 첫 삽을 떴다. 첫 삽을 시작으로 본격적인 발굴 작업이 진행되었다.

뙤약볕에서 하루 종일 땅을 파는 일은 참으로 고되고 힘겨운 싸움이었다. 열병으로 쓰러지는 일꾼이 속출했고 일에 대한 불만을 토로하는 일꾼도 있었다. 100여 명의 일꾼을 통제하는 것부터 식량과 물 조달문제까지 신경 쓸 게 한두 가지가 아니었다.

그렇게 3년의 시간이 지났다. 트로이 성벽은 코빼기도 보이지 않았고 확신은 점점 두려움과 절망으로 바뀌었다.

그러던 어느 날, 한 일꾼이 소리쳤다.

"여기입니다. 여기 성벽으로 추정되는 게 나왔습니다."

“그래요? 모두들 이쪽으로 오세요. 여기입니다. 여기를 파도록 합시다.”

슐리만과 일꾼들은 허리도 펴지 않고 계속해서 삽질을 했다. 정말이지 그건 성벽이 틀림없었다. 전설 속에 묻혀 있던, 상상 속에 갇혀 있던 그 트로이 성이 드디어 윤곽을 드러낸 것이다. 그뿐이 아니었다. 곧이어 팔찌, 브로치, 목걸이, 접시 등 그 시대의 유물들이 쏟아져 나왔다. 어릴 적 마음속에 품은 작은 꿈의 씨앗이 활짝 꽃을 피우는 순간이었다. 고대 문명이 시퍼렇게 되살아나는 순간이었다. 현대 고고학의 시작을 알리는 순간이었다.

슐리만은 벅찬 가슴을 주체할 수가 없었다. 눈물이 와락 쏟아졌다.

눈물을 흘리며 그는 하늘을 올려다보았다.

“아버지, 제 말이 맞죠? 트로이 성이 있다는 제 말이 정말로 맞죠? 제가 해냈어요. 제가 찾았다고요!”

그러자 푸르른 하늘 속에서 아버지의 음성이 희미하게 들리는 듯했다.

“그래, 아들아. 네 말이 맞다. 네 꿈이 이겼구나. 네 꿈이 옳았구나. 장하다.”

그 이후로도 슐리만의 꿈은 계속 이어졌다. 1876년에는 그리스 본토의 미케네 유적 발굴에 들어갔다. 그 유적지에서 사자문으로 된 성문을 발견했다. 또한 원형 묘역에서 다량의 팔찌며 도검이며 보석들을 발굴했고『고대 트로이』『미케네』『일리오스』등의 저서도 남겼다.

그 당시 상인으로 보냈던 시간이 많아 진정한 고고학자로 인정을 받진 못했지만 하인리히 슐리만은 신화와 역사를 이어준 현대 고고학의 선구자이며 가슴속 꿈을 현실로 만든 사람임에 틀림없다.

꿈이 없는 사람은
생명력 없는 인형과 같다

말을 타고 다니던 시절에는 자동차는 상상조차 못했습니다. 자동차를 타던 시절에는 비행기는 상상조차 못했습니다. 비행기를 타고 다니던 시절에는 우주선은 상상조차 못했습니다. 그러나 이 모든 것들이 상상 속에서 끝나지 않았습니다. 그 누군가가 마음속 꿈을 포기하지 않고 끝까지 펼쳤기에 상상은 현실이 될 수 있었습니다.

누구에게나 꿈이 있습니다. 그 꿈은 자신의 의지에서 생길 수도 있고 타인의 영향으로 형성될 수도 있습니다. 어떤 꿈을 갖고 사느냐가 중요합니다. 꿈이 인생의 방향을 결정하고 자신의 미래를 열어주기 때문입니다.

철학자 발타자르 그라시안은 이렇게 말했습니다.

"꿈을 담아두지만 말고 활짝 펼쳐라. 꿈이 없는 사람은 아무런 생명력도 없는 인형과 같다."

꿈이 생겼다면 마음속에 담아두지만 말고 꿈을 이루기 위해 과감히 행동해야 합니다.

물이 오래 고이면 썩듯 마음속에 꿈을 너무 오래 담아두면 그 꿈은 끝내 사라지고 맙니다. 뒤늦게 그 꿈을 꺼내려고 해도 이미 그 꿈에 대한 열정은 식은 상태가 되고 맙니다.

그러니 더 이상 미루지 말고 꿈을 꺼내 마음껏 펼쳐보십시오. 어둠이 짙어지고 밤이 길어질 때 비로소 별과 달의 진가가 드러나듯 꿈은 분명 당신의 인생을 더욱 빛나게 하고 일상을 의욕적이고 진취적으로 변화하게 만들 것입니다.

일

볼품없는 외모는
저의 단면일 뿐입니다

21

콤플렉스를 개성으로 바꾼 천상의 목소리, 수잔 보일

놀이터에서 대여섯 명의 아이들이 그네를 타고 있는 아이에게 우르르 몰려왔다.

그러더니 아이들은 한 아이를 놀리기 시작했다.

"야, 네가 타면 그넷줄 끊어지잖아. 빨리 내려와."

"그래, 이 돼지야. 그네가 뭔 죄니?"

"너 오늘도 10인분 먹었지?"

"네가 친구라는 게 창피하다. 앞으로 우리 앞에 나타나지 마."

아이는 땅바닥에 주저앉아 울음을 터뜨렸다. 그러자 아이들은 더 신나했다.

"어머, 돼지가 울 줄도 아네. 저기 봐. 눈물도 뚱뚱해."

"야, 시끄러워. 울려면 네 집에 가서 울어."

이내 아이들은 다른 곳으로 우르르 사라졌다.

아이들이 사라졌는데도 아이는 서러웠던지 쉽사리 울음을 멈추지 못했다.

이 광경을 목격한 한 중년 여자가 아이가 있는 곳으로 다가왔다. 그리고 아이에게 손을 내밀었다.

"어서 일어나. 예쁜 옷 다 버리겠다. 어서."

아이는 자리에서 일어났다.

"마음이 아프지? 아줌마가 널 위해 노래 한 곡 불러줄까? 그럼 마음이 좀 괜찮아질 거야."

중년 여자는 마음의 상처를 받은 아이를 위해 노래를 부르기 시작했다. 감미롭고 아름다운 노래가 놀이터 전체에 울려 퍼졌다. 그 노래를 듣고 있으니 마치 천상에 온 듯했다. 노래 소리에 맞춰 나비도 새들도 구름도 함께 살랑살랑 춤을 췄다. 어느새 아이의 얼굴에도 미소가 활짝 피었다.

"그런데 아줌마는 누구예요? 가수예요?"

"가수? 응. 가수지."

"아줌마, 이름이 뭐예요?"

"내 이름? 내 이름은……."

그녀는 바로 기적을 이뤄낸 가수, 수잔 보일이었다.

수잔 보일은 어릴 때 받은 아픈 상처가 있다.

수잔 보일이 태어날 당시 어머니의 나이는 무려 마흔일곱 살이었다. 노산이라 출산 과정 중 많은 어려움을 겪었다. 그 영향으로 수잔 보일에게는 약간의 이상이 생겼다.

다른 아이들보다 배움의 속도가 느렸다. 학습 장애가 생긴 것이다. 그래서 선생님께 많이 맞아가며 공부를 해야 했다. 그뿐만 아니라 키는 작고 몸은 뚱뚱해서 친구들로부터 집단따돌림을 당했다. 그에게 학교는 배움의 터전이 아니라 아픔의 장소였다.

가족이 그녀를 따뜻하게 안아주고 위로해주었지만 그것만으로는 마음이 채워지지 않았다. 그녀는 나름대로의 치유법을 찾아 나섰다. 바로 노래였다.

밤하늘의 반짝이는 별을 바라보며 노래를 하기 시작했다. 노래를 하는 동안은 상처도, 아픔도 전혀 의식하지 못했다. 오히려 이 세상에서 자기 자신이 가장 행복한 사람이라는 착각이 들 정도였다.

"저 별처럼 나도 언젠가는 세상에서 가장 빛나는 별이 될 거야."

성인이 된 후, 그녀는 교회 성가대에서 활동했으며 가끔 기회가 주어지면 술집에서도 노래했다.

세월은 흘렀고 그녀는 숙녀에서 점점 중년의 여인으로 변해갔다.

그러던 어느 날, 그녀에게 가슴 아픈 일이 벌어졌다. 그녀가 이 세상에서 가장 믿고 의지하던 어머니가 죽은 것이다.

수잔 보일은 깊은 실의에 빠졌다. 어머니의 영정 사진을 보며 그녀는 그동안 못 다한 얘기를 눈물로 전했다.

"엄마, 이렇게 가면 난 어떻게 해? 엄마는 내 유일한 친구잖아. 외모 때문에 그 누구도 나와 가까이 하려 하지 않을 때 엄마만큼은 나를 안아줬잖아. 엄마가 없으니 마치 내 몸 한쪽이 떨어져 나간 것 같아. 엄마, 앞으로 나는 어떻게 해? 혼자 살아갈 힘도 없고 자신도 없어."

어머니를 떠나보낸 후, 그녀는 깊은 절망의 늪에서 허우적거렸다. 마음을 다잡으려고 기도도 하고 운동도 해보았지만 소용이 없었다.

그때 문득 엄마가 예전에 했던 말이 생각났다.

"수잔 보일, 엄마의 소원이 뭔 줄 아니? 엄마의 소원은 네가 이 세상 사람들에게 아주 많은 사랑을 받는 거야. 넌 충분히 사랑 받을 만한 자격이 있어. 왜 그런 줄 아니? 넌 꿈이 있는 아이였으니까. 너의 가슴속에 노래가 있으니까. 분명 넌 할 수 있을 거야. 내 딸, 할 수 있겠지?"

그녀는 마음을 단단히 먹었다.

"그래, 다시 시작하는 거야."

엄마가 비록 가까이 있진 않지만 영혼만큼은 곁에 있다고 믿었다. 엄마가 자신을 지켜줄 거라고 믿었다.

"엄마, 내가 해낼게. 아주 보란 듯이 잘해낼 거야. 나도 잘난 구석이 있고 사랑 받을 만한 사람이란 걸 보여 줄 거야."

그녀는 드디어 2009년 영국의 스타 발굴 프로그램인「브리튼스 갓 탤런트Britain's Got Talent」에 참가하기로 결심했다.

오디션이 있던 날, 그녀는 버스를 잘못 갈아타서 하마터면 무대에 오르지 못할 뻔했다.

가까스로 대회장에 온 그녀는 거친 숨을 내쉬며 한 남자에게 물었다.

"여기가 노래 오디션 보는 장소 맞죠?"

"예. 맞습니다. 성함이 어떻게 되시죠?"

"수잔 보일입니다."

"아, 그러시군요. 곧 오디션이 시작됩니다. 저기 대기실에서 기다려주세요."

갑자기 긴장감이 밀려왔다. 입안이 바싹 타들어갔다. 제대로 서 있지 못할 정도로 다리가 후들거렸다.

"수잔 보일, 무대로 나오세요. 당신 차례입니다."

드디어 무대에 서는 그 순간이 찾아왔다.

마음속에서는 풍랑이 일었지만 아무렇지도 않은 척 당당히 무대 중앙을 향해 걸어 나갔다.

작달 만한 키, 못생긴 얼굴 거기에 파마머리 아줌마가 무대 중앙에 서자, 관객들과 심사위원들의 얼굴 표정은 금세 어두워졌다. 마치 그녀를 깔보는 듯했다.

심사위원 중 독설가로 유명한 음반기획자 사이먼 코웰이 그녀에게 질문했다.

"올해 몇 살입니까?"

"마흔 일곱입니다. 그러나 그건 그냥 저의 한 단면일 뿐입니다."

그렇게 말하자 관객석에서 웃음이 터졌다. 그 웃음은 비웃음에 가까웠다. 그녀는 갑자기 허리를 흔들며 춤을 추기 시작했다. 관객과 심사위원들은 얼굴을 찌푸렸다.

이어 꿈이 뭐냐는 심사위원의 질문에 그녀는 유명한 가수가 되고 싶다고 말했다. 그러자 카메라는 한 여자 관객을 비췄다. 그 여자 관객은 어이가 없다는 표정을 지었다.

"제가 노래로 이곳을 열광의 도가니로 만들겠습니다."

이어 그녀는 「레미제라블」의 삽입곡 'I dreamed a dream'을 불렀다. 전주가 흐르는 동안 지루하고 짜증스러운 표정을 짓던 관객과 심사위원들은 그녀의 청아하고 우아한 목소리가 울려 퍼지가 다들 두 눈이 휘둥그레졌다.

여자 심사위원은 벅찬 감동을 주체하지 못하고 자리에서 벌떡 일어났다. 사이먼 코웰도 노래가 흐르는 내내 입을 다물지 못했다.

그녀의 노래가 절정에 이르자 관객들은 일제히 자리에서 일어났다. 환호성을 지르며 박수를 쳤다.

그녀의 노래가 끝나자 사이먼 코웰은 멋쩍은 표정을 지으며 몇 분 전과는 사뭇 다르게 말했다.

"수잔 보일, 난 당신이 무대에 나올 때부터 놀라운 목소리로 우리를 놀라게 할 거라고 느꼈습니다. 내 예상이 적중했군요."

그러자 그녀는 미소를 지으며 감사하다고 말했다.

오디션 대회를 계기로 그녀의 인생은 달라졌다. 그녀는 음반회사와 계약을 했고 곧이어 음반을 냈다. 그녀의 첫 앨범에는 롤링스 톤스의 'Wild Horse', 마돈나의 'You'll see'를 비롯해 그녀의 신곡을 담았다. 그 앨범은 전 세계인들에게 엄청난 사랑을 받았다. 310만 장이나 팔리면서 2009년에 두 번째로 많이 팔린 앨범이 되었다.

스타가 된 후 그녀를 바라보는 마을 사람들의 눈도 많이 달라졌다. 대회에 나간 후 한 달 동안 대문 앞에는 매일 각 방송사 차량이 진을 치고 있었다. 한 번도 말을 걸어주지 않던 사람들은 대신 장을 봐주겠다고 할 정도로 그녀에게 친절을 베풀었다. 그는 "모두에게 좋은 이웃이 된 것 같아 기분 좋다"고 말했다.

열등감과 콤플렉스로 자신을 괴롭히며 가뒀던 과거를 버리고 꿈에 대한 열정으로 미래를 개척한 그녀, 편견으로 가득 찬 세상에 당당히 승리의 깃발을 꽂은 그녀, 그녀의 노래는 오늘도 어디에선가 울려 퍼지고 있다.

아흔아홉 가지의 단점을 뒤집을
하나의 장점을 발견하라

남보다 키가 작을 수도 있고, 실력이 부족할 수도 있고, 재산이 적을 수도 있고, 말이 어눌할 수도 있습니다. 그러나 중요한 건 그러한 단점을 나만 갖고 있는 게 아니라는 겁니다. 완벽하게 보이는 사람 역시 단점이 있기 마련입니다.

행여 내 단점을 남에게 들키지 않을까, 비웃음을 사지 않을까 하며 불안해 할 필요는 없습니다. 자칫 이런 생각이 열등감의 늪에 빠지게 할 수 있습니다.

열등감은 사람을 움츠러들게 하고 적극적인 의사소통을 방해합니다. 자신의 판단보다 주위의 시선에 신경을 쓰게 만들고, 열정은 점점 사라지고 심리적인 균형을 깨뜨려 자신감을 상실하게 만듭니다.

음이 있으면 양이 있고 하늘이 있으면 땅이 있듯 단점이 있으면 장점이 존재합니다. 인간은 누구나 태어나면서부터 무엇이든 한 가지는 뛰어난 재능과 장점을 갖고 태어납니다. 아흔아홉 가지의 단점이 있다 하더라도 괜찮습니다. 그것을 뒤집을 만한 장점 하나를 발견하고 성장시키면 충분히 승산이 있습니다.

독일의 수학자이자 천문학자인 클라비우스도 어릴 적 수도원에서 많은 교육을 받았지만 그다지 두각을 나타내지 못했습니다. 오히려 어리석다는 핀잔을 듣기 일쑤였습니다. 그러나 한 신부에게 배운 기하학에 그는 눈을 번쩍 떴습니다. 그의 재능과 맞아떨어진 것입니다. 마침내 그는 당대 일류의 수학자가 될 수 있었습니다.

빨리 단점의 늪에서 벗어나 장점의 가능성을 선택하십시오.

종종 찾아올 거야
너희들의 마음속으로

22

죽음마저도 열정으로 바꾼 마지막 강의. 랜디 포시

병원 현관문을 열고 밖으로 나선 랜디 포시 교수가 몇 걸음 걷다 말고 그 자리에 멈춰 섰다. 온몸에서 모든 기가 한꺼번에 빠져나가는 기분이 들었다. 그는 동상이 된 것처럼 아무런 움직임도 없이 한참 동안을 그 자리에 서 있었다.

문득 그의 머릿속에서 그림 한 점이 떠올랐다. 뭉크 화가의 '절규'라는 그림이었다. 핏빛으로 물든 하늘 아래에서 두 손바닥으로 얼굴을 감싼 채 절규하는 그 사람의 모습과 자신의 모습이 오버랩되었다. 차라리 그 사람처럼 울부짖으며 절규라도 하고 싶었지만 차마 이 도시에서, 많은 사람이 오가는 이 거리에서 소리를 지를 순 없었다.

그의 한숨과 함께 서럽고 안타까움이 젖은 한 마디가 나왔다.

"아, 왜 이런 일이 나에게……."

5분 전까지만 해도 그의 인생은 아무런 문제가 없었다. 지금까지 걸어온 그의 인생은 그야말로 평탄대로였다. 1960년 매릴랜드에서 태어난 그는 브라운대학을 졸업하고 1988년부터 근 10년 동안 버지니아대학에서 교수로 일했다. 그리고 어도비, 구글, 월트 디즈니 이매지니어링 등과 협력하여 자신의 업적을 하나둘 쌓아갔다. 그리고 현재는 카네기멜론대학에서 '인간과 컴퓨터의 상호관계'와 '디자인'을 강의하는 컴퓨터공학과 교수다. 행복한 가정도 꾸몄다. 이상형인 여자를 만나 결혼도 했고 어린 세 명의 자녀를 뒀고 가끔은 친구들과 어울려 술도 한 잔 나눈다. 이렇게 지금까지 큰 굴곡 없이 살아왔다.

그런데 5분 전의 일로 인해 그의 인생은 한순간에 나락으로 떨어졌다. 그 5분은 살아오면서 경험하지 못했던 아픔이고 지우고 싶은 악몽의 시간이었다.

그는 의사와 마주 앉았다. 의사의 어두운 얼굴을 보고 랜디 포시는 잔뜩 긴장했다. 제발 아무 일 없기를 마음으로 기도했다. 그러나 불길한 마음이 계속해서 떠나지 않았다. 아니나다를까 의사의 말은 가히 충격적이었다.

"교수님, 이 말씀을 어떻게 전해야 할지 참으로 곤혹스럽습니다. 그렇지만 피할 수 없는 일이기에 검사 결과를 말씀 드립니다. 췌장암입니다."

"췌장암요? 지,지금 뭐라고 했죠?"

"췌장암입니다. 그거도 말기입니다."

"그럴 리가 없습니다. 뭔가 잘못된 게 분명합니다. 오진일 겁니다. 다시 검사하겠습니다."

그는 덜덜 떨리는 목소리로 간신히 말했다.

의사는 고개를 내저으며 말했다.

"저희도 믿을 수 없어 검사를 두 차례나 했습니다. 췌장암 말기 맞습니다. 마음의 준비를 해두십시오. 짧게는 5~6개월, 길어봤자 1년 남짓일 겁니다."

"마음의 준비라뇨? 길어봤자 1년이요? 지금 그걸 말씀이라고 하세요? 전 이렇게 멀쩡하단 말이에요. 제가 죽는다고요? 그럴 리 없습니다. 그럴 리 없다고요!"

의사는 더 이상 말을 하지 않았다. 랜디 포시도 눈물만 흘릴 뿐 진료실 안은 절망의 침묵으로 가득했다.

그날 밤, 랜디 포시는 자신의 몸 상태를 아내에게 알렸다. 아내는 믿을 수 없다는 듯 고개를 내저었다.

"그럴 리 없어요. 다시 한 번 검사해봐요."

"몇 번이나 해봤어. 사실이야."

아내는 주먹으로 가슴을 치며 눈물을 흘렸다. 이 끔찍한 일을 감당할 수 없었던지 아내는 그만 기절하고 말았다.

"여보, 여보. 일어나. 정신 차려!"

쓰러진 엄마를 보고 놀란 세 아이들의 울음을 터뜨렸다.

"으앙. 엄마."

"엄마, 일어나."

아내가 가까스로 정신을 차렸지만 그날 밤, 아이들의 울음은 밤새 계속되었고 아내의 한숨과 랜디 포시의 깊은 절망은 끝이 보이지 않았다.

아내의 생일날이었다.

"생일인데 선물도 준비 못했어. 미안해."

"선물이 뭐가 중요해요. 당신이 바로 내 인생 최고의 선물이에
요."

"그렇게 말해줘서 고마워."

"당신 좋으라고 하는 말이 아니라 정말로 제 진심이에요. 당신
을 처음 만났던 그날부터 지금까지 변함없이 당신을 사랑해요."

랜디 포시는 아내를 가볍게 안아줬다. 그러더니 잠시 뒤 조심스
럽게 입을 열었다.

"여보, 학교 측에서 전화가 왔는데 마지막 강의를 할 기회를 준
다는 거야. 그래서 나 그날 가기로 약속을 잡았어."

아내는 두 눈을 휘둥그레 뜨며 말했다.

"지금 제 정신이에요? 그 몸으로 어떻게 그곳에 간다는 거예요.
안 돼요."

"나 갈 수 있어. 그리고 가야 돼."

"지금 당신은 몸 상태가 좋지 않아요. 카네기멜론대학교가 있
는 피츠버그에서 이곳 버지니아 주까지 왜 이사를 왔어요? 당신
이 조금 더 편히 쉬기 위해서 온 거잖아요. 그런데 다시 그곳에 간
다니 그건 안 돼요."

랜디 포시와 아내, 둘은 팽팽히 맞섰다.

"이미 결정했어. 쓰러지는 한이 있더라도 강의를 할 거야."

"안 돼요. 날 이기적인 사람이라고 욕해도 좋아요. 전 당신을 한 시라도 뺏기고 싶지 않아요. 당신이 강의하러 가는 그 시간 동안 우리가 함께 하는 시간은 그만큼 줄어들잖아요."

"당신이 이해해줘. 날 보내줘. 아이들에게 당당한 아빠가 되고 싶어. 나약하게 죽어가는 아빠가 아니라 마지막 순간까지도 최선을 다하는 모습을 보여주고 싶단 말이야. 이 마지막 강의가 어쩌면 내가 아이들에게 남기는 유산일 수도 있어."

결국 랜디 포시는 아내의 반대에도 무릅쓰고 2007년 9월 마지막 강의를 하기 위해 카네기멜론대학으로 떠났다.

많아야 100명 정도 올 거라 예상했다. 그런데 강연장에 들어서니 빈자리 하나 없이 400석이 꽉 차 있었다.

랜디 포시는 입을 다물지 못했다. 생의 마지막 강의를 빛내주기 위해 와준 청중들이 너무나 고마웠다. 랜디 포시는 간단히 인사말을 하고 곧바로 강의를 했다. 강의용 스크린 화면에 사진 한 장이 떴다. 그 사진은 바로 열 개의 종양이 전이된 본인의 간 CT 촬영 사진이었다.

"이게 바로 제 간입니다. 췌장암 말기입니다. 저는 이 강의가 마지막이 될 것입니다. 그렇다고 안타까운 눈으로 절 보지 마십시오. 지금 전 무척 건강합니다. 힘도 있습니다."

그는 갑자기 바닥에 엎드리더니 한 팔로 팔굽혀펴기를 했다. 청중들은 환호했다. 더러는 걱정스러운 표정을 짓는 청중도 있었다.

"제가 우울한 인생을 살 것 같죠? 그렇지 않습니다. 우울하지 못해 죄송합니다. 전 남은 날들도 역시나 신나게 살 겁니다."

죽음 앞에서도 절망하지 않고 긍정적인 생각과 유쾌한 태도를 보인 그에게 청중은 점점 매료됐다. 랜디 포시는 어린아이처럼 행복한 표정을 지으며 말을 이어갔다.

"전 이 순간이 얼마나 감사한지 모릅니다. 만약 제가 교통사고나 심장마비로 갑작스럽게 세상을 떠났다면 아마도 여러분들을 이렇게 만나지 못했을 겁니다. 암에 걸렸기에 이런 귀한 시간을 만들 수 있었던 겁니다."

강의 중간 중간에 송곳으로 찌르는 듯한 강한 통증이 전해졌다. 그렇지만 그는 전혀 내색하지 않았다. 그럴수록 더더욱 말에 힘을 주고 표정에 웃음을 더했다. 이 세상에서 가장 불쌍한 사람이 아니라 죽는 그 순간까지도 가장 건강하게 살다간 사람으로 모든 사람들에게, 특히 세 아이들에게 기억되고 싶었다.

그는 계속해서 강의를 이어나갔다.

"담벼락이 왜 존재하는지 아세요? 그건 우리가 안으로 들어가는 것을 막기 위해서 있는 게 아닙니다. 우리에게 기회를 주기 위해 거기 서 있는 겁니다. 그 무언가를 간절히 원한다면 그것을 뛰어넘어야 합니다. 담벼락은 우리의 가능성과 간절함을 끌어내고자 거기에 있는 겁니다."

어느새 강의는 막바지에 이르렀다. 강의 마무리에 앞서 강의용 스크린 화면에 사진 한 장을 띄웠다. 그 사진은 그가 세 아이와 함께 찍은 사진이었다.

그는 마지막 한 마디를 남겼다.

"이 강의는 여러분들을 위해 준비한 것도 있지만 내 아이들을 위해 준비한 측면도 있습니다. 나중에 아이들이 커서 아버지의 강의를 들어준다면 나는 너무나 행복할 것입니다. 감사합니다."

강의가 끝나자 청중들은 뜨거운 환호와 박수를 보냈다. 그날 강의는 청중들의 심금을 울리기에 충분했다. 진솔함과 생의 열정 그리고 죽음에 대한 의연한 태도까지 두 번 다시는 접할 수 없는 귀한 마지막 강의였다.

그에게는 이제 정말로 남은 시간이 별로 없었다. 그는 하루하루가 소중했다. 그 소중한 시간을 세 아이와 함께 보냈다.

"우리 강아지들, 다들 모여라. 오늘은 아빠가 너희들 목욕 시켜줄게."

"와, 신난다."

그는 목욕탕에서 아이들과 함께 물장구를 치며 놀았다. 즐거운 한때임이 분명한데도 자꾸 그의 눈에서 눈물이 흘렀다.

"아빠, 왜 울어?"

"울기는. 비눗물이 들어가서 그래."

그는 아이들과 함께 이런 시간을 가질 수 없다는 게 너무나 서러웠다. 또한 아빠의 빈자리를 느껴 살아야 할 아이들에게 정말로 미안했다. 눈물을 닦아내도 자꾸 눈물이 났다. 아이들 앞에서 눈물을 보이지 않겠다고 수십 번도 다짐했지만 오늘은 정말로 눈물을 통제할 수 없었다.

그 날 밤, 그는 서재에서 아이들을 생각하며 몇 자 적었다.

너희들이 아빠의 말을 알아들을 수 있다면 참 좋겠다. 너희들에게 해 줄 말이 참으로 많거든. 그런데 현실에서 마법은 일어나지 않지. 딜런은 이제 여섯 살이고, 로건은 세 살, 클로이는 겨우 18개월이지. 너희들이 내 마음을 읽지 못하겠지만, 내 말을 이해할 수 없겠지만, 이것만은 알아줬으면 해. 내가 살려고 얼마나 필사적으로 노력했는지, 마지막 그 순간까지 뜨겁게 타오르기 위해서 얼마나 발버둥 쳤는지를……. 그리고 너희들을 얼마나 사랑하는지. 그것만 알아준다면 아빠는 행복해. 그리고 종종 찾아올 거야. 너희들 마음속으로 말이야.

　1년이란 세월은 강물처럼 흘러갔다. 2008년 7월 유난히 날이 좋았던 어느 날, 랜디 포시 교수는 사랑하는 아내와 세 아이들, 딜런, 로건, 클로이를 남기고 자택에서 생을 마감했다.

　그는 더 이상 이 세상에 없지만 아이들의 가슴속에 그리고 그의 마지막 순간을 기억하는 모든 사람들의 가슴속에 분명 살아 있다.

죽음은 삶의 이유를 발견하게 해주는
가장 강력한 힘이다

죽음의 그림자가 점점 가까워지고 있음을 느낄 때 가장 먼저 드는 생각
은 두려움일 것입니다. 죽음을 원하는 이는 없을 테니까요. 그 다음에
마음을 지배하는 감정은 바로 절망감입니다. 죽음 앞에서 아무리 태연
하고자 해도 강심장이 아닌 이상 그런 감정을 가질 수 없습니다.

그렇다고 남은 시간 동안 두려움과 절망감 속에서만 살아갈 수는 없는
노릇입니다. 아직 죽지 않았기 때문입니다.

「버킷 리스트bucketlist」라는 영화가 있습니다.

불치병으로 생이 얼마 남지 않은 두 명이 하고 싶었던 일들을 실행하기
위해 병원을 뛰쳐나옵니다. 죽음을 향한 여정이긴 하지만 그래도 죽는

그 순간까지 자신의 삶에 최선을 다하는 모습이 참으로 아름답습니다.

세계를 변화시킨 시대의 아이콘 스티브 잡스는 췌장암으로 유명을 달리했습니다. 그가 남긴 말들 중 몇 마디를 보면 죽음에 대한 그의 생각을 엿볼 수 있습니다.

"죽음은 인생에서 가장 멋진 발명이라고 생각한다. 죽음으로 낡아 쓸모없어진 모델의 시스템을 없앨 수 있다."

"내가 곧 죽을 것을 생각하는 것은, 내가 인생에서 큰 결정들을 내리는 데 도움을 준 가장 중요한 도구였다."

"누구도 죽기를 원하지 않는다. 하지만 죽음은 우리 모두의 숙명이다. 아무도 피해 갈 수 없다. 그러나 죽음은 삶이 만든 최고의 발명이다. 죽음은 변화를 만들어 낸다. 새로운 것이 헌 것을 대체할 수 있도록 해준다."

그렇습니다. 죽음은 삶의 일부분입니다. 그리고 죽음은 오히려 삶의 이유를 발견하게 해주고 새로운 혁신을 향해서 나아갈 이유를 주는 가장 강력한 힘임을 우리는 알아야 합니다.

959전 960기의
아름다운 도전

·

23

————

노력만으로 꿈을 이룬 진정한 승리자, 차사순

이른 아침부터 중앙시장의 상인들은 분주하다. 하루 장사를 시작하는 때라 손님이 오기 전에 미리미리 준비해야 할 게 많아서다. 가게를 가진 상인들이야 장사 준비하려고 서둘러 일하지만 가게 하나 없이 노점에서 야채며 노란고무줄이며 바퀴벌레 약 등을 파는 할머니나 할아버지들은 더더욱 서둘러야 한다. 행여 늦게 나오면 다른 누군가에게 자리를 빼앗기기 때문이다.

내일 모레면 일흔 살을 바라보는 차사순 할머니도 새벽녘에 일어나 버스를 타고 중앙시장으로 향했다. 버스가 중앙시장 정류장에 도착하자 뒷문으로 보따리를 내렸다. 보따리가 한두 개가 아니었다.

"기사님, 잠깐만요. 보따리 좀 내리고요."

"예. 천천히 하세요."

보따리 하나는 머리에 이고 또 하나는 왼손에 또 하나는 오른손에 들고 중앙시장 입구 쪽으로 걸어갔다.

"오늘은 여기가 좋겠네."

일찍부터 서두른 덕에 오늘은 좋은 자리를 차지할 수 있었다. 보따리에 있는 것들을 노상에 하나하나 펼쳐 놓았다. 보따리 안에는 호박, 가지, 시금치, 상추, 겉절이배추 등 온갖 야채가 가득했다.

"어휴, 힘들어."

할머니는 비닐봉지에서 고구마 하나를 꺼냈다. 아침밥이었다.

어느새 옆에도 다른 노점상이 자리를 잡고 앉았다.

"고구마 하나 드실라우?"

"고마워요. 잘 먹을게요."

두 할머니는 고구마를 나눠먹으며 장사 준비를 했다.

오후가 되자, 시장은 활기가 넘쳤다. 곧 추석이라 그런지 평소보다 사람들이 더 많이 북적거렸다.

"호박 있어요. 아줌마, 호박 좀 사가. 싱싱한 가지도 있고 풋고추도 있어. 어이, 아가씨. 시금치가 몸에 좋아. 시금치 좀 사가. 좀 줄까?"

할머니는 하나라도 더 팔기 위해 지나가는 사람들에게 물건 자랑하는 데 여념이 없었다. 열심히 홍보를 한 덕분인지 오늘 가져온 야채가 거의 다 팔렸다. 오늘은 장사도 잘 되고 참으로 기분이 좋았다.

그런데 그때 한 중년 여자가 할머니 눈높이에 맞춰 쪼그려 앉았다.

"차사순 할머니, 맞죠? 맞네. 정말 맞아."

"예. 제가 차사순인데 댁은 누구죠? 어떻게 내 이름을……."

"기사 보고 알았죠. 할머니 참 대단해요. 멋져요. 와, 정말 신기하다. 정말로 놀랍네."

중년 여자가 할머니에게 신문 하나를 내밀었다. 그 신문은 미국의 대표 신문인「뉴욕타임스」였다.

"자, 여기 보세요. 할머니 사연이 여기에 나왔잖아요."

"어, 그러네요. 허허. 미국 신문에도 내가 나왔네."

할머니는 쑥스러운지 머리를 긁적거리며 미소를 지었다.

"제가 미국에서 산 지 꽤 오래됐는데 글쎄 할머니 사연 듣고 얼마나 반가웠는지 몰라요. 저희 어머니도 예전에 여기서 장사하셨거든요. 추석 쇠려고 고향에 왔는데 어머니 생각도 나고 그리고 할머니 사연도 너무나 감동적이라 혹시나 하고 한 번 와봤는데 이렇게 만날 줄은 몰랐네요."

"아이고 이렇게까지 찾아주셔서 고맙네요."

"해외 토픽에 오른 유명인을 이렇게 만나다니 할머니 저 사인하나만 해주세요."

"사인은 무슨 사인이에요. 난 그러 거 없어요."

할머니는 손사래를 치며 활짝 웃었다.

차사순 할머니가「뉴욕타임즈」는 물론이고「시카고 트리뷴」지등 세계 유명 언론에 소개된 이유는 960번의 도전 끝에 운전면허증을 딴 의지의 한국인이기 때문이다.

「뉴욕타임스」에는 할머니의 사연이 대서특필 되었다.

960번의 시도 끝에 운전면허증을 딴 차사순 할머니는 대한민국의 유명인사가 됐으며, 전북 완주도 차사순 할머니 덕에 유명세를 타고 있다. 최근에는 자동차 한 대를 기부 받기도 했다. 차사순 할머니야말로 인간 승리의 전형이라 할 수 있다.

할머니가 처음 운전면허시험을 치른 건 2005년 4월이었다. 운전면허시험을 보러 간다고 하니까 이웃집 친구가 할머니에게 핀잔을 줬다.

"이 할망구가 노망이 들었나. 그딴 거 따서 뭐하려고 그래? 차도 없는데……. 멋진 영감님 하나 사귀려고 그래?"

"허튼소리 말어. 다 필요해서 그러지. 집에서 중앙시장까지 가려면 버스를 두 번이나 갈아타잖아. 무거운 보따리 들고 버스 갈아타는 게 영 고약스러워서. 차라도 한 대 있으면 얼마나 편할까 생각해서 운전면허증을 따려는 거지. 그리고 무엇보다도 운전대 잡고 있으면 멋지고 폼 나잖아."

버스 두 번을 갈아타고 전주 운전면허시험장에 도착했다. 실기를 보기에 앞서 필기시험을 통과해야 한다. 시험지를 보자마자 할머니는 한숨을 내쉬었다. 검은 건 글씨요, 하얀 건 종이였다.

"그래, 오늘은 시험 삼아 한 번 봐야지."

필기시험은 60점을 넘으면 합격인데 점수는 20점도 나오지 않았다. 첫 번째 실패였다.

그날 밤 할머니는 돋보기를 써가며 열심히 운전면허시험 문제집을 들여다봤다. 들여다봐도 도통 이해가 되지 않았다.

"아, 이럴 줄 알았으면 젊었을 때 공부 좀 해놓는 건데."

며칠 후, 다시 버스 두 번을 타고 운전면허시험장에 갔다. 이번에는 꼭 붙겠다는 각오로 시험을 치렀다. 그러나 이번 역시 20점 밑이었다. 두 번 연속 떨어지자 할머니는 왠지 불길한 예감이 들었다.

"이러다 열 번 넘는 거 아냐?"

말이 씨가 됐다. 할머니는 일주일에 두 세 번씩 버스를 타고 시험을 보러 운전면허시험장을 찾았다. 그런데 어찌된 일인지 시험을 볼 때마다 낙방했다. 그냥 이대로 포기할까 하다가도 이왕 시작했으니 끝을 봐야겠다는 생각으로 다음 날이면 어김없이 버스 두 번을 타고 운전면허시험장에 갔다. 역시나 아니니 다를까 또 낙방하고 말았다. 한 달, 두 달이 지나고 계절이 바뀌고 가을이 오고 겨울이 오고 다시 봄이 되었다.

어느덧 세월이 흘러 2년이라는 시간이 지났다.

여전히 할머니는 일찍 저녁밥을 먹고 문제집을 쳐다봤다. 하도 봐서 문제집이 걸레가 다 되었다. 닳고 닳아 버리고 또 새로운 것을 사고 벌써 다섯 번째 문제집이었다.

날만 새면 어김없이 할머니는 운전면허시험장으로 갔다. 이제는 시험장 직원들이 할머니를 다 알 정도였다.

"할머니, 오셨어요."

“예. 안녕하세요.”

“오늘은 반드시 합격하세요. 서류에 인지를 붙일 자리가 없어요. 꼭 합격하세요.”

“예. 그럽시다.”

오늘도 할머니는 시험 시간이 끝나는 그 순간까지 최선을 다해 문제를 풀었다. 그러나 결과는 역시는 60점을 넘지 못해 낙방이었다. 오늘이 500번째 낙방한 날이다.

시험장 직원들은 이제 할머니를 보기 미안할 정도였다.

“할머니, 이제 그만 하시죠. 이제까지 들어간 돈만 해도 손자들 맛난 것 실컷 사주고도 남겠어요. 이제 멈추시죠. 저희가 보기에 너무나 안타깝고 죄송하네요.”

할머니는 미소 지으며 말했다.

“걱정은 고마운데 그만 하란 소리는 마소. 내가 좋아서 하는 겁니다. 학교 다니는 것처럼 나는 참 좋소. 한번 끝까지 해볼랍니다.”

계절이 또 바뀌고 할머니도 한 살 한 살 나이를 먹어갔다. 운전면허시험을 처음 본 날로부터 만 5년이라는 시간이 지났지만 여전히 할머니는 운전면허 필기시험에 합격하지 못했다.

이제까지 필기시험만 949번째. 그동안 들어간 인지대와 차비를 합하면 1천만 원이라는 거금이 들어갔다. 평생 나물 판 돈 전 재산이 필기시험 비용으로 들어간 것이다.

오늘은 950번째 필기시험이 있는 날.

여느 때와 마찬가지로 할머니는 시험지를 받아들고 열심히 풀었다. 그러나 늘 점수는 좋지 않았다. 그렇지만 오늘은 왠지 느낌이 좋다. 어젯밤 꿈자리가 괜찮았기 때문이다. 좋은 결과가 있을 거라는 기대감으로 하나 하나 문제를 읽어 내려갔다.

드디어 합격자 발표 시간. 할머니는 합격자들의 수험번호가 적혀 있는 전광판을 올려다봤다. 제발 이번만은 합격하길 바라며 자신의 수험번호를 찾았다.

"어, 저기 있다!"

할머니는 입을 다물지 못했다. 2종 보통 필기시험 950번째 도전에 커트라인인 60점으로 드디어 합격한 것이다. 5년 만의 쾌거였다.

할머니는 만세를 부르며 기뻐했다. 가슴이 벅찼다.

"만세! 만세! 드디어 내가 합격했습니다."

주위 사람들도 내 일처럼 기뻐하며 할머니를 축하해줬다.

"할머니, 정말로 축하합니다."

"할머니는 역시 의지의 한국인입니다. 내가 눈물이 다 나려고 하네."

차 할머니는 주위사람들과 얼싸 안으며 감격의 눈물을 흘렸다.

"해냈어. 내가 해냈어. 못 배우고 못난 내가 해냈다니까."

이후로도 기능시험과 도로주행시험에서 각각 다섯 번씩 떨어졌지만 끝까지 도전한 끝에 드디어 960번 째, 갈망하고 열망했던 운전면허증을 손에 넣을 수 있었다. 포기할 줄 모르는 집념과 시작으로, 했으면 끝을 보겠다는 그 힘이 할머니를 위대한 승리자로 만든 것이다.

이후, 할머니는 끈기와 집념의 대명사가 되었다.

한 번은 지방경찰청에서 할머니에게 강연 의뢰가 들어왔다.

"배우지도 못한 이 늙은이가 무슨 강연을 합니까? 전 못합니다."

할머니는 손사래를 치며 뒤로 물러났다.

"할머니, 그냥 있는 그대로 말씀하시면 됩니다."

"평생 살면서 남들 앞에 서 본 적이 한 번도 없습니다."

"할머니는 충분히 하실 수 있어요. 할머니를 모시는 것만으로도 우리 직원들에게 큰 자극이 될 것입니다. 꼭 허락해주십시오."

결국 할머니는 전북지방경찰청이 주최하는 강연회에 강사로 참여했다. 이렇게 많은 사람들 앞에 서 본 적이 없는 할머니는 가슴이 콩닥콩닥 뛰었다.

"어이구, 떨려 죽겠구만. 이 늙은이를 왜 이렇게 괴롭힌다요. 뭔 말부터 해야 할지 모르겠만. 전 채소 장사를 하는데다 손자들과 동물원에도 편하게 가고 싶어 운전면허가 필요했지요. 2005년 4월

13일 첫 필기시험을 시작으로 960번의 도전 끝에 지난해 5월 운전면허증을 땄지. 그 전에도 한 번 도전한 게 있지. 15년 전인가 열세 번 도전해서 미용사 자격증도 땄어. 여러분들도 뭐든지 끝까지 혀. 이 늙은이도 했잖아. 여러분도 잘 하드라고."

그 어떤 강연보다 감동적이고 유쾌했다. 직원들의 뜨거운 박수 갈채를 받으며 할머니는 강연장을 빠져나왔다.

할머니는 하늘을 보며 씨익 웃었다. 그 웃음이 어찌나 소박한지 참으로 아름답고 행복해 보였다.

노력해서 안 되는 일은 없다
하지 않고 저절로 되는 일도 없다

타라후마라 부족이 있습니다. 그 부족은 사냥 성공률이 꽤 높은 편입니다. 그들의 사냥 방식을 보면 특별한 게 없습니다. 사냥감이 한 번 정해지면 그 사냥감을 끝까지 쫓아갑니다. '이 속도면 되겠지' 하고 사냥감이 뒤돌아보면 여전히 그들이 쫓아옵니다. 그들은 다른 사냥감이 눈앞에 있어도 절대 목표물을 변경하지 않습니다. 처음에 정한 그 사냥감을 줄기차게 쫓아다닙니다. 사냥감이 지치면 마침내 그들은 사냥에 성공합니다.

한 번 시작한 일은 끝을 본다는 각오로 사냥을 하기에 사냥 성공률이 높은 것입니다.

화장품, 건강식품을 판매하는 회사 '긴자마루칸'를 창업한 일본의 갑부 사이토 히토리는 이렇게 말했습니다.

"노력해서 안 되는 일은 없다. 하지 않고 저절로 되는 일도 없다."

뭔가를 이루기 위해서는 노력을 멈춰서는 안 됩니다. 중간에 그만둔다면 시작한 의미가 없습니다. 한 번 시작한 일은 끝을 봐야 합니다. 내가 스스로 선택한 일도 끝마무리 지을 수 없다면 그 누가 나의 편이 되어줄 것이며 나의 인생에 스스로 할 수 있는 일이 뭐가 있겠습니까?

'천지창조'와 '최후의 심판'이라는 작품을 남긴 미켈란젤로는 자신을 위대한 천재라고 말하는 사람들에게 이렇게 말했습니다.

"나는 당신들과 다를 바 없습니다. 나는 지극히 평범합니다. 내가 지금의 경지에 이르기까지 얼마나 열심히 노력했는지 사람들이 안다면 내가 그렇게 위대해 보이지 않을 것입니다. 나는 천재가 아닙니다. 다만 멈추지 않고 끝까지 했을 뿐입니다."

최후의 승리자가 되려면 최후까지 남아야 합니다. 멈추지 않고 계속 걸어가야 합니다.

나는 인생의 고비마다 한 뼘씩 자란다

초판 1쇄 발행 2013년 4월 19일 초판 3쇄 발행 2014년 9월 25일

지은이 김이율 펴낸이 연준혁

출판 2분사 분사장 이부연
책임편집 정지은 디자인 강경신
제작 이재승

펴낸곳 (주)위즈덤하우스 출판등록 2000년 5월 23일 제13-1071호
주소 (410-380) 경기도 고양시 일산동구 정발산로 43-20 센트럴프라자 6층
전화 031)936-4000 팩스 031)903-3893 홈페이지 www.wisdomhouse.co.kr
종이 월드페이퍼 인쇄·제본 현문

값 13,000원   ISBN 978-89-6086-596-9 13320

* 잘못된 책은 바꿔드립니다.
* 이 책의 전부 또는 일부 내용을 재사용하려면
  사전에 저작권자와 (주)위즈덤하우스의 동의를 받아야 합니다.

국립중앙도서관 출판시도서목록(CIP)

나는 인생의 고비마다 한 뼘씩 자란다 / 김이율 지음. --
[고양] : 위즈덤하우스, 2013
   p. ;   cm

ISBN 978-89-6086-596-9 13320 : \13000

인생훈[人生訓]

199.1-KDC5
179.9-DDC21   CIP2013002456